高等职业教育新形态一体化教材

「十二五」职业教育国家规划教材修订版

Chemical Drafting Exercises

化工制图习题集（第四版）

● 主编 陆英 韩素华

HUAGONG ZHITU XITIJI

中国教育出版传媒集团
高等教育出版社·北京

内容提要

本习题集是"十二五"职业教育国家规划教材修订版，与陆英、韩素华主编的"十二五"职业教育国家规划教材修订版《化工制图》(第四版)配套使用。

本习题集主要包括四个项目，分别为：工艺流程图的测绘、化工设备图的测绘、设备布置图的测绘和管道布置图的测绘。本习题集在题目设计时以蒸汽车间为模拟测绘场所，从低精度零件的测绘、化工工艺流程的测绘和识读到高精度零件的测绘、化工设备装配体的测绘、设备布置图的测绘和识读、化工管路的测绘等，较为完整地介绍了整个车间各种化工图形的测绘和识读。内容循序渐进，与主教材同步，题量、难度适中，有利于学生实践能力的培养。

本习题集配套的主教材建设有"化工制图"在线开放课程(读者可登录 https://mooc.icve.com.cn 获取相应教学资源或进行自主学习)，习题集中各习题参考答案可通过移动终端扫描书末二维码浏览。

本习题集适合高等职业院校、职业本科院校、应用型本科院校及中等职业学校化工技术类、轻化工类、食品类等专业学习使用，也可供相关企业、科技人员参考。

图书在版编目(CIP)数据

化工制图习题集 / 陆英，韩素华主编. --4 版. --北京：高等教育出版社，2024.8

ISBN 978-7-04-061306-3

Ⅰ. ①化… Ⅱ. ①陆… ②韩… Ⅲ. ①化工机械-机械制图-高等职业教育-习题集 Ⅳ. ①TQ050.2-44

中国国家版本馆 CIP 数据核字(2023)第 213654 号

HUAGONG ZHITU XITIJI

策划编辑 苗叶凡	责任编辑 苗叶凡	封面设计 姜 磊	版式设计 李彩丽
责任绘图 黄云燕	责任校对 马鑫蕊	责任印制 刘思涵	

出版发行 高等教育出版社
社 址 北京市西城区德外大街 4 号
邮政编码 100120
印 刷 天津画中画印刷有限公司
开 本 787mm × 1092mm 1/16
印 张 17.25
字 数 210 千字
插 页 2
购书热线 010-58581118
咨询电话 400-810-0598

网 址 http://www.hep.edu.cn
http://www.hep.com.cn
网上订购 http://www.hepmall.com.cn
http://www.hepmall.com
http://www.hepmall.cn
版 次 2008 年 12 月第 1 版
2024 年 8 月第 4 版
印 次 2024 年 8 月第 1 次印刷
定 价 38.00 元

物 料 号 61306-00

前　言

党的二十大报告指出，实施科教兴国战略，强化现代化建设人才支撑。因此，培养造就大批德才兼备的高素质人才，是国家和民族长远发展大计。化工产业对国计民生具有重要作用，制图则是化工技术人员指导化工生产、进行化工设计等必备的技能。本习题集坚持产教融合，使学生通过练习相应的习题掌握企业蒸汽车间内相关零件、设备、管道及工艺流程的测绘和识读。

本习题集与陆英、韩素华主编的《化工制图》（第四版）主教材相配套，内容与主教材一一对应且相辅相成，按照高等职业教育的培养目标和特点，以及高等职业教育国家规划教材的编写要求组织编写，内容主要包括四个项目，分别为工艺流程图的测绘、化工设备图的测绘、设备布置图的测绘和管道布置图的测绘。主要适用于高等职业院校化工技术类、轻化工类、食品类等专业使用，也可供相关企业、科技人员使用和参考。

本习题集的编写以培养高素质技术技能人才为目标，理论知识以“必需、够用”为度，突出化工专业的特点，注重学生实践能力与职业能力的训练，突出绘图与识图能力的培养。每个项目下的习题均分为基础篇和拓展篇，以适应不同层次学生的需求。本习题集类型齐全，难易程度适中，任课教师可根据教学大纲的具体要求，从中选用。学生在完成本习题集中的练习题和尺规作业时，应做到作图正确、线型流畅、字体工整、图面整洁。

本习题集采用最新《技术制图》《机械制图》国家标准与化工行业标准《化工工艺设计施工图内容和深度统一规定》及《压力容器》相关标准，突出了图样的标准化。同时习题集中加强了第三角画法的内容，安排了第三角画法的习题，以满足国际化就业需求。

本习题集参加编写工作的有：徐州工业职业技术学院陆英（绪论，项目一任务一、任务七、任务八，项目二任务二、任务三，项目三）、徐州开放大学韩素华（项目一任务三、任务四，项目二任务一）、兰州职业技术学院许立太（项目一任务五、任务六）、江苏恩华药业股份有限公司单文志（项目四）、徐州工业职业技术学院李晓娟（项目一任务二、项目二任务一），由陆英、韩素华统稿，由徐州工业职业技术学院王德堂主审。

本习题集的编写还得到了高等教育出版社和各兄弟院校的大力支持，保证了编写工作的顺利完成，在此一并表示感谢。由于编者的水平有限，不妥之处在所难免，敬请读者批评指正。

编　者

2024年3月

目　录

项目一　工艺流程图的测绘 …… 1

任务一　图样基本知识的学习 …… 1

任务二　低精度零件垫片的测绘 …… 13

任务三　低精度平面体模型的测绘 …… 23

任务四　低精度曲面体模型的测绘 …… 39

任务五　低精度复杂模型的测绘 …… 46

任务六　低精度复杂模型图的识读 …… 64

任务七　蒸汽车间工艺流程图的测绘 …… 81

任务八　工艺流程图的识读 …… 86

项目二　化工设备图的测绘 …… 90

任务一　高精度零件的测绘 …… 90

任务二　蒸汽车间化工设备图的测绘 …… 114

任务三　化工设备图的识读 …… 121

项目三　设备布置图的测绘 …… 123

项目四　管道布置图的测绘 …… 128

参考文献 …… 135

参考答案 …… 135

项目一　工艺流程图的测绘

任务一　图样基本知识的学习

基础篇 1-1-1　字体练习（一）

化工环境机械制图比例材料技术要求

工程图学姓名审核习题学校专业班级序号耐心细致仿宋

班级　　姓名　　学号

1-1-2 字体练习（二）

班级　　　　　姓名　　　　　学号

1-1-3 在指定位置画直线、圆及对称图形

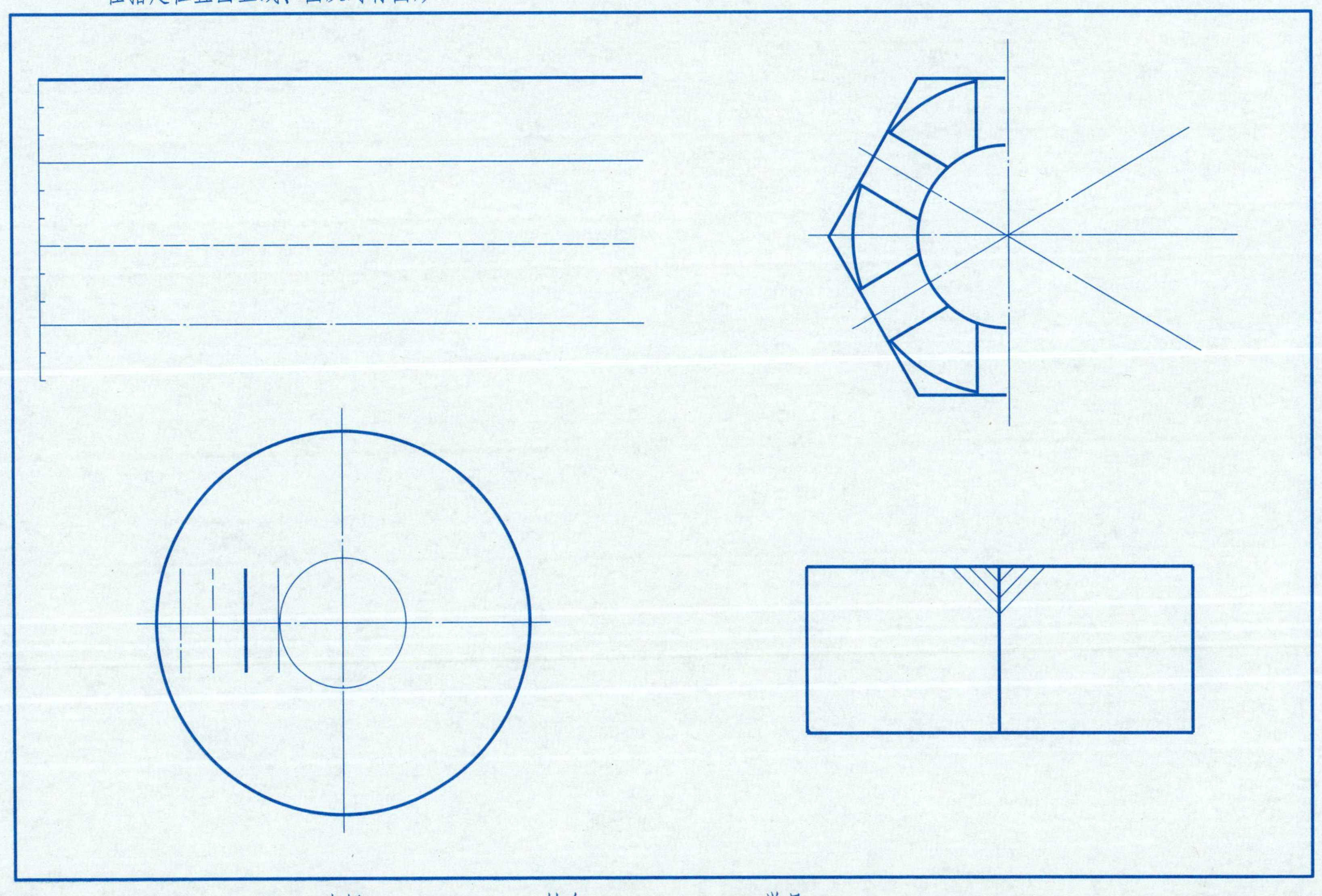

班级　　　　　　姓名　　　　　　学号

1-1-4 改正尺寸标注中的错误

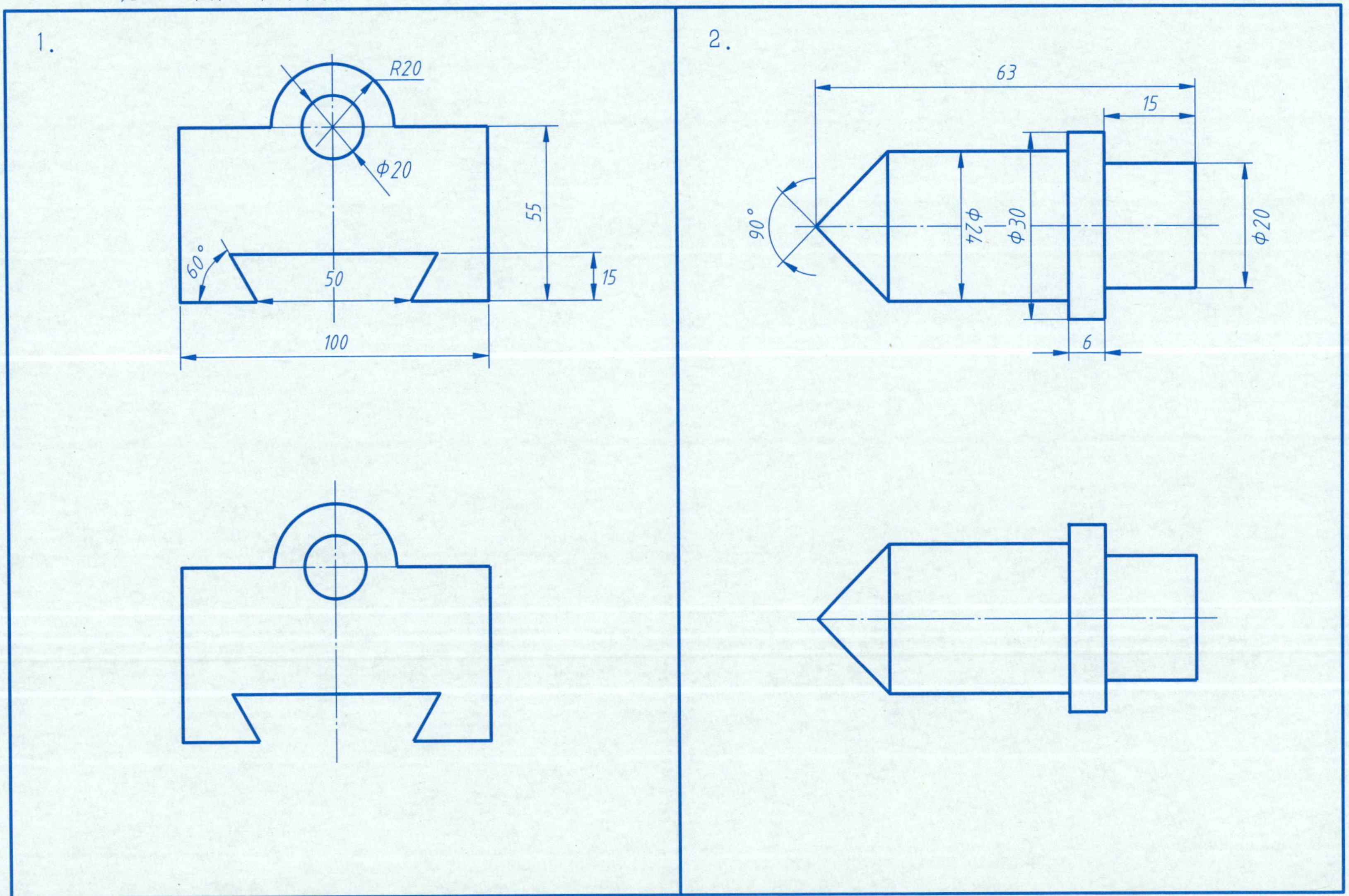

班级 姓名 学号

1-1-5 补画图形中所缺的点画线并从《化工制图》主教材中抄画平面图形的尺寸

1.

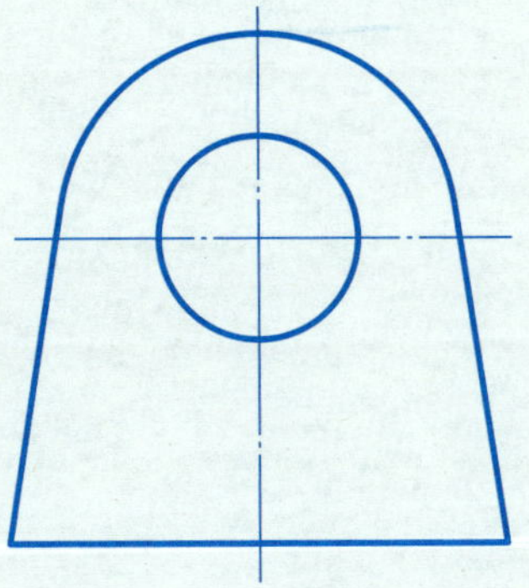

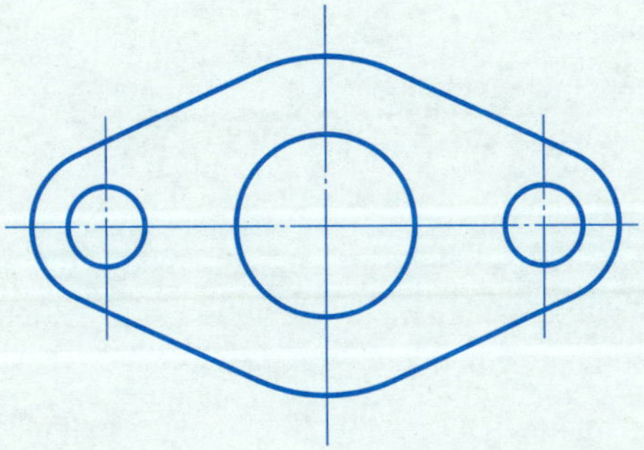

2.

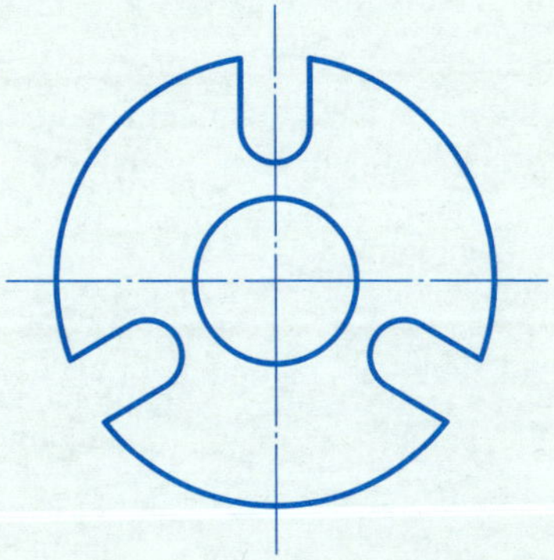

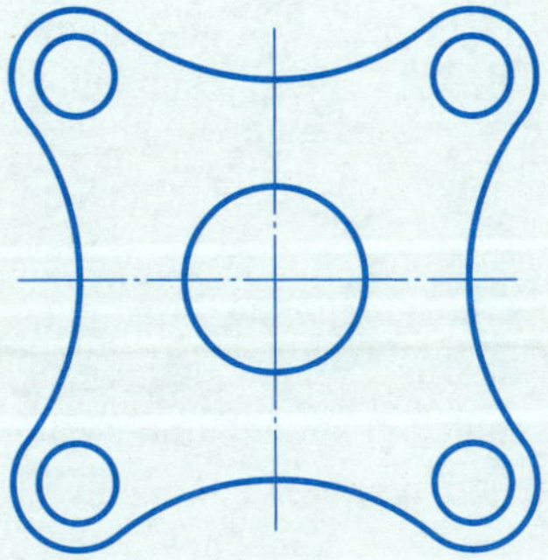

班级　　姓名　　学号

1-1-6 标注下列图形的尺寸

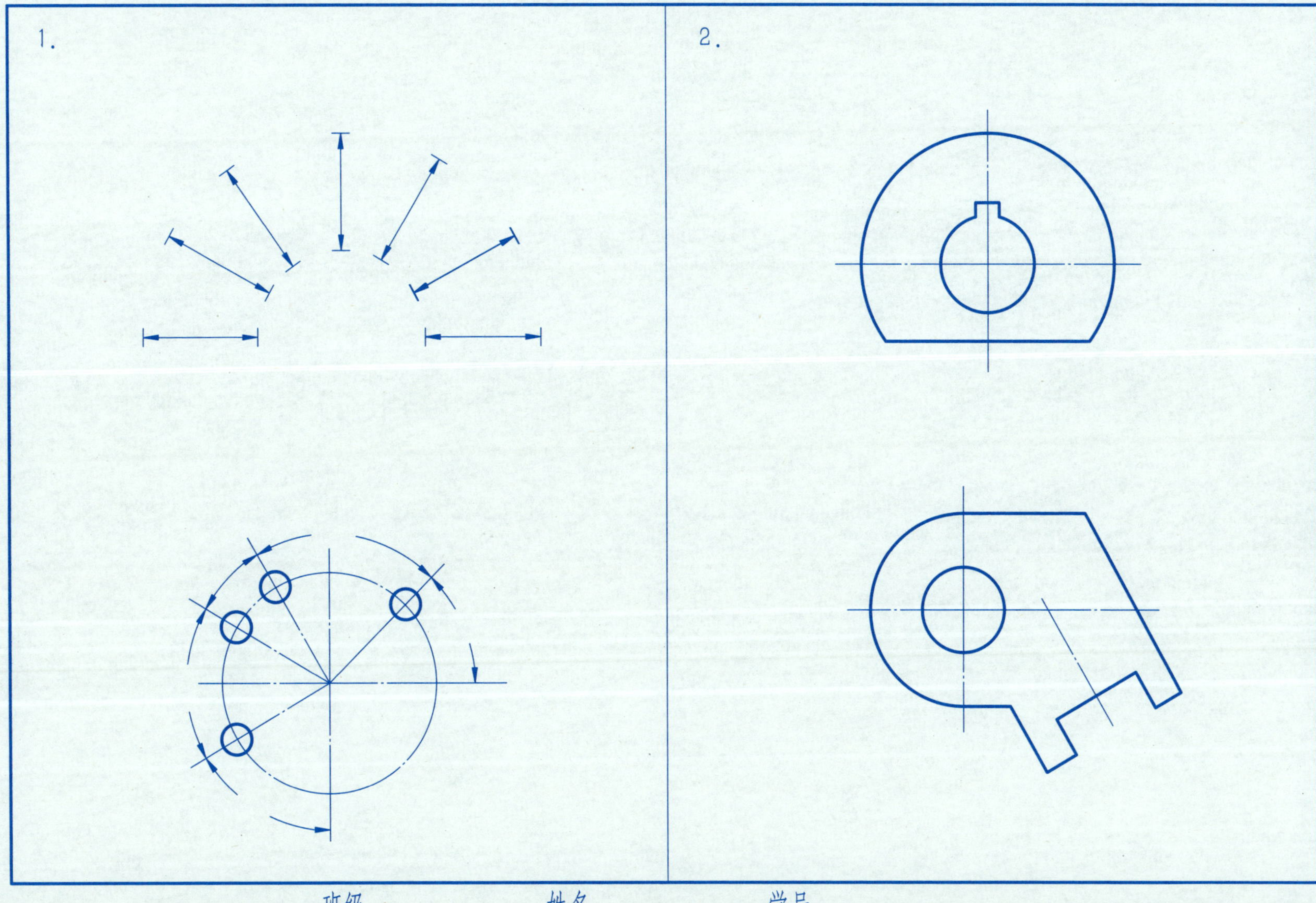

班级 姓名 学号

1-1-7 标注尺寸并补画所缺点画线(尺寸从图中量取，取整数)(一)

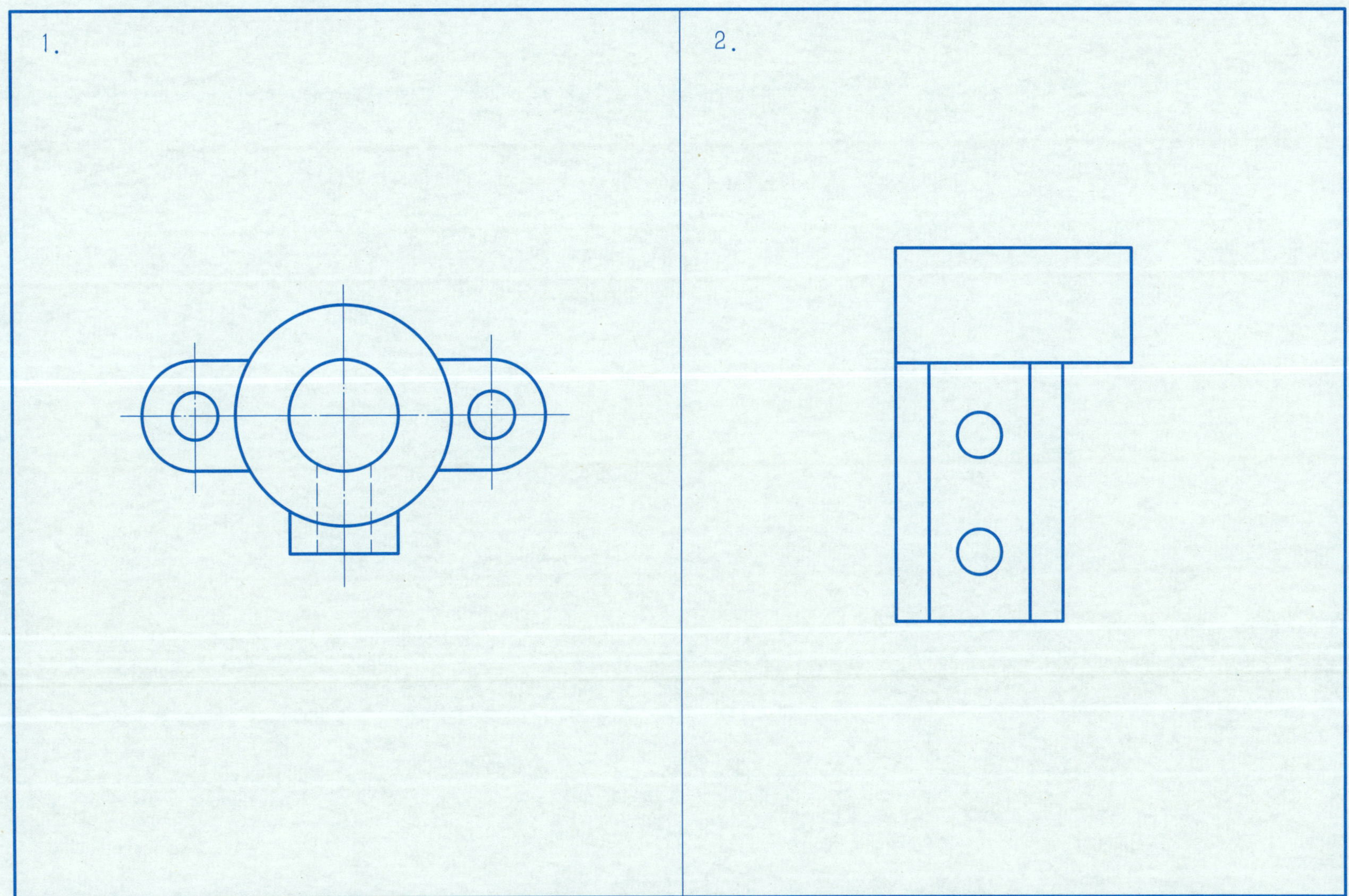

班级 姓名 学号

1-1-8 标注尺寸并补画所缺点画线（尺寸从图中量取，取整数）（二）

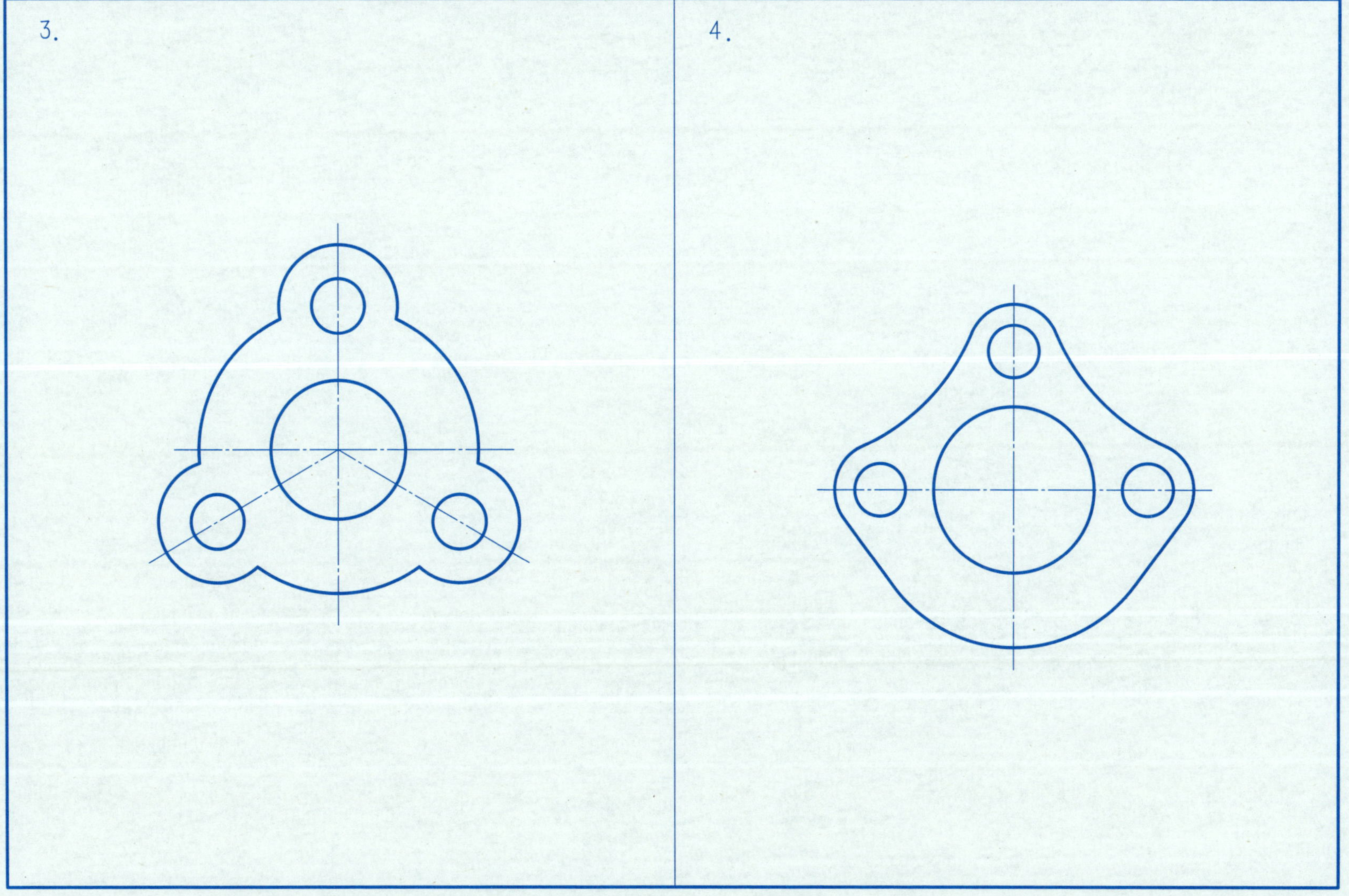

班级 姓名 学号

1-1-9 线型练习

线型练习要求及指导

一、作图目的

1. 熟悉《机械制图》国家标准中的图纸幅面、格式、比例、字体、图线及尺寸标注法。
2. 掌握绘图仪器及工具的正确使用方法，培养绘图技能。

二、作图内容与要求

1. A4图纸，比例1:1，按尺寸绘出图形，标注尺寸，图纸竖放。
2. 作图正确，线型粗细分明，虚线、点画线规范作图。
3. 字体端正，图面整洁，绘出标题栏、边框线。

三、作图步骤

1. 将图纸平放，用透明胶带固定在图板上。为了方便使用丁字尺，图纸尽量固定在图板左下角。
2. 在图纸上画出标准图幅、图框线、标题栏。
3. 布置图纸。根据图的大小，将图形合理地布置在图纸上，先画出主要点画线以确定图的位置。
4. 用细实线完成底稿。
5. 仔细检查并加粗加深。
6. 标注尺寸数字，填写标题栏。注意字体及其高度要符合要求。

四、注意事项

1. 做好画图前的准备工作。
2. 各种图线必须符合国家标准的规定，同类图线必须一致，粗实线的宽度宜采用0.7mm。
3. 点画线的长画与短画要一次画出，注意点画线超出轮廓线的长度。
4. 各种图线的相交要符合国家标准的规定。

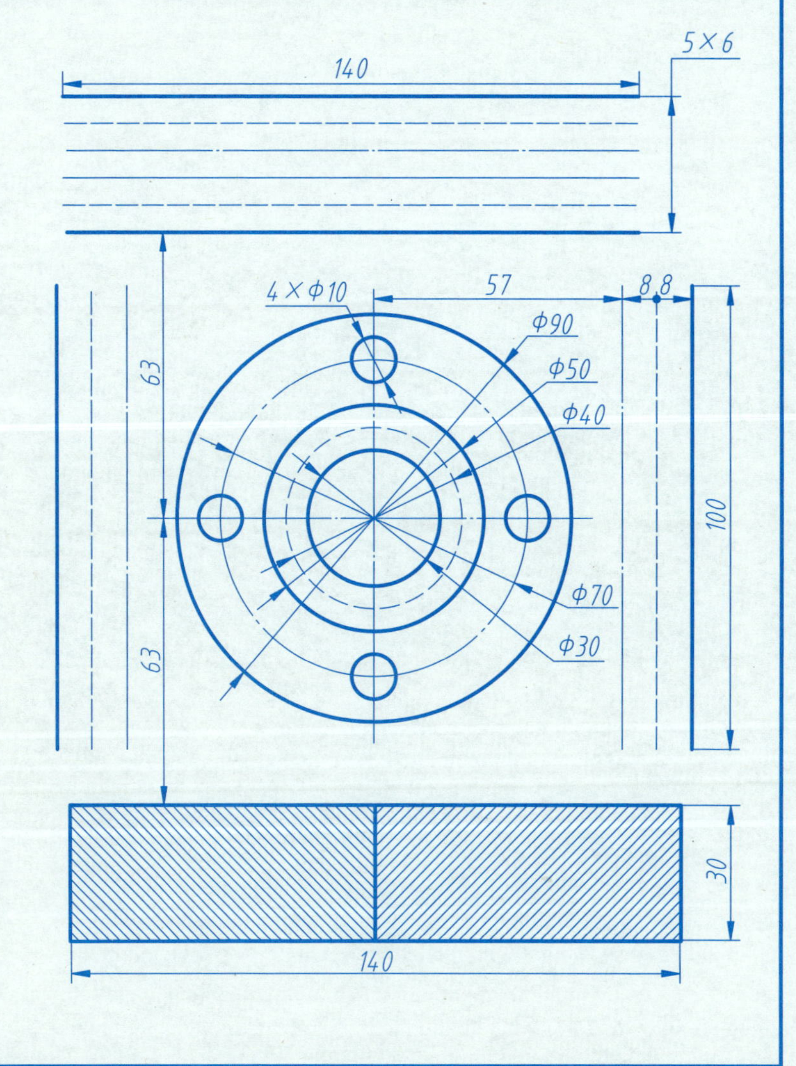

班级　　姓名　　学号

拓展篇 1-1-10　标注尺寸并补画所缺点画线(尺寸从图中量取，取整数)(三)

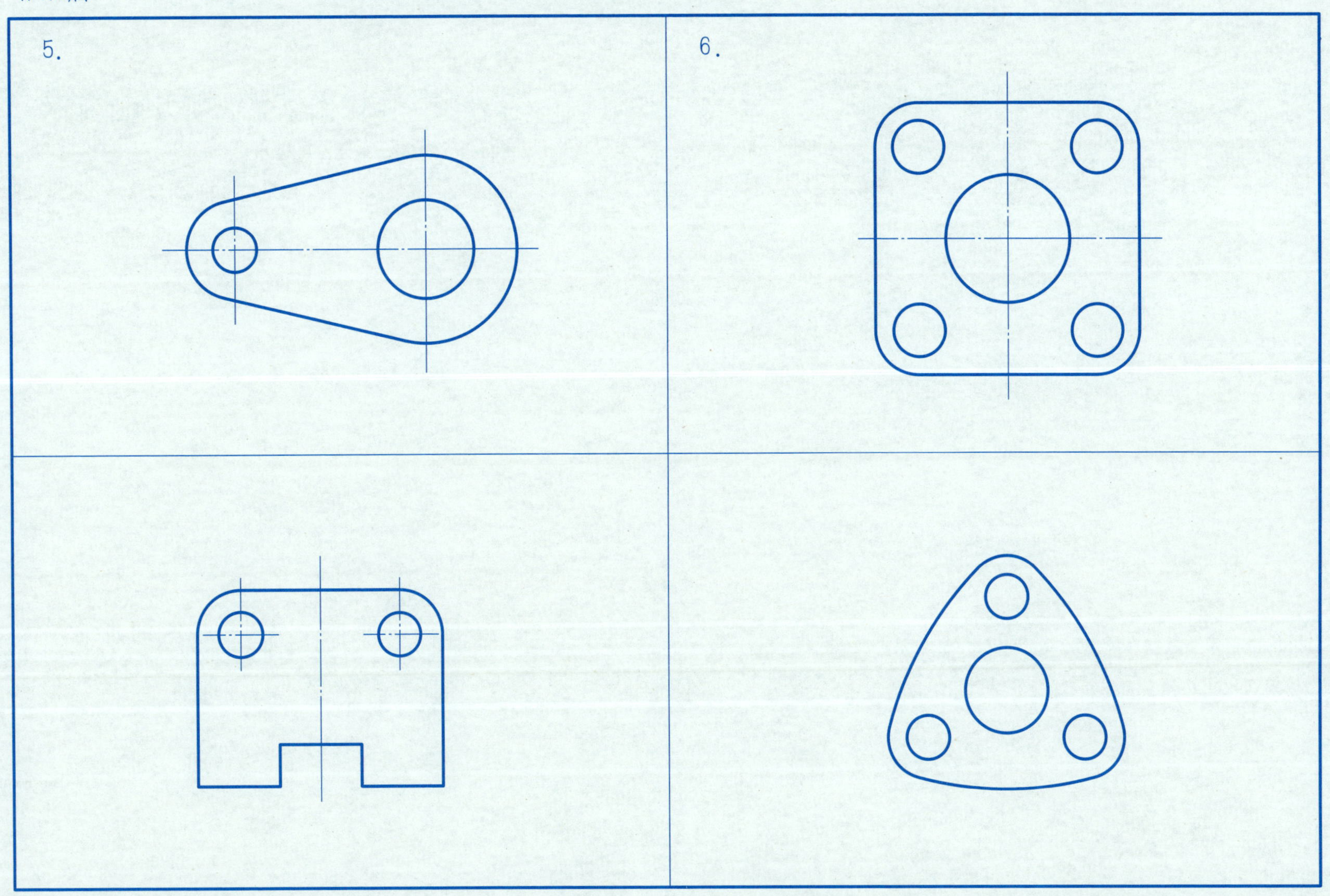

班级　　　　　　姓名　　　　　　学号

1-1-11 标注尺寸并补画所缺点画线(尺寸从图中量取，取整数)(四)

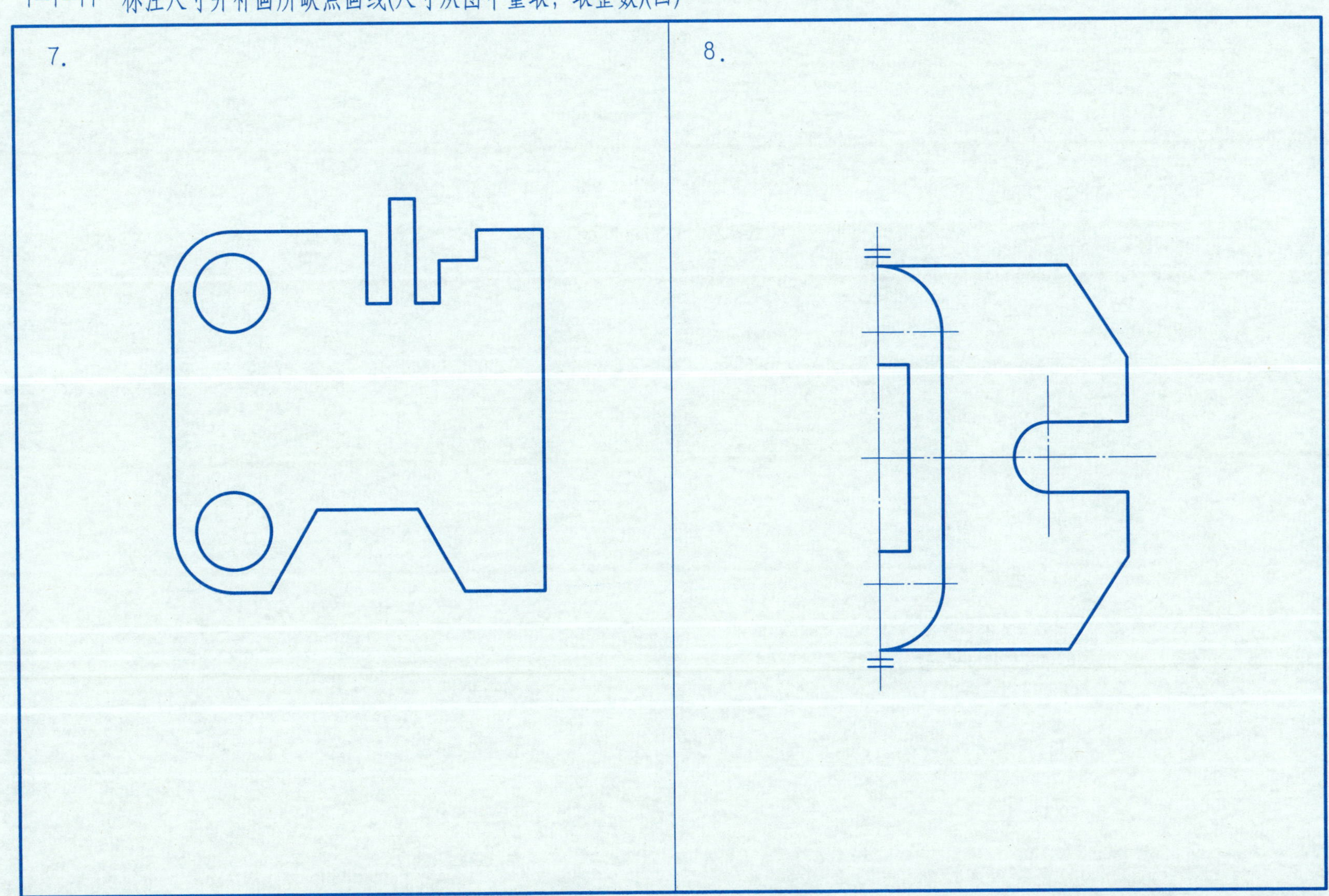

班级 姓名 学号

1-1-12 标注房屋尺寸并补画所缺点画线(尺寸从图中量取，取整数)

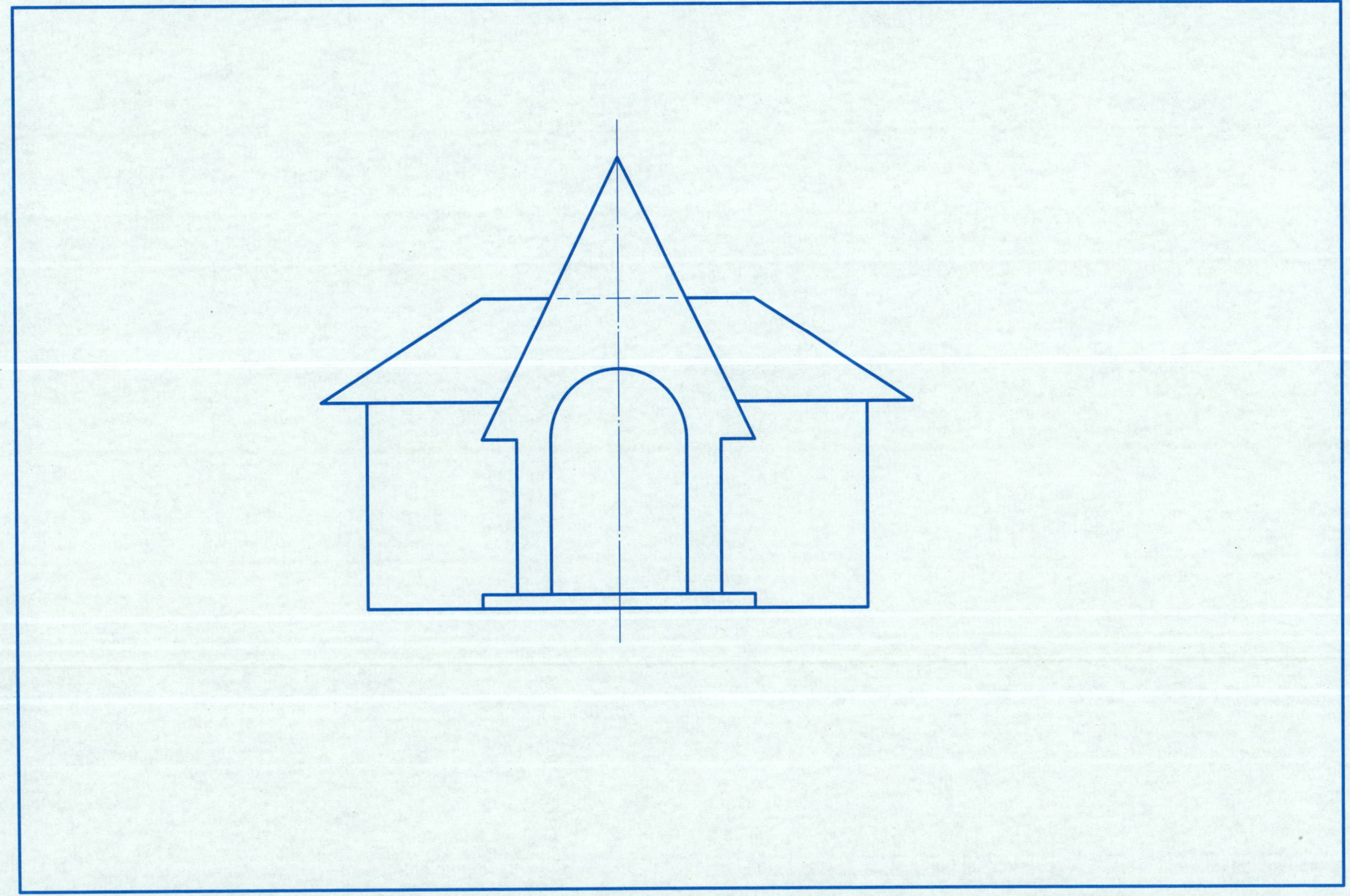

班级　　　　姓名　　　　学号

任务二　低精度零件垫片的测绘

基础篇 1-2-1　用1：1的比例抄画图形

1.

5×Φ12

Φ76

Φ56

Φ36

2.

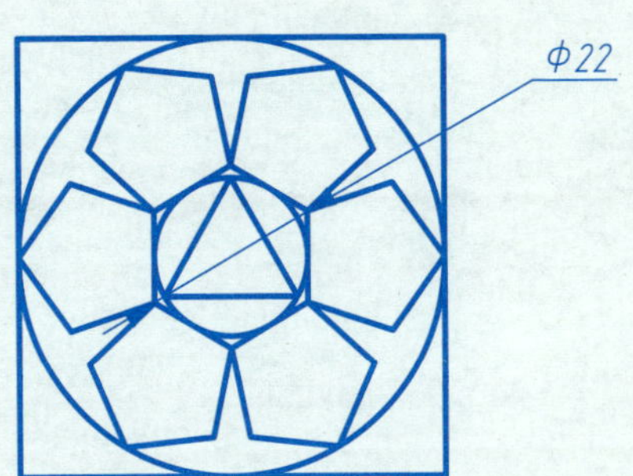

班级　　　　　　姓名　　　　　　学号

1-2-2 用1:1的比例抄画图形

1.

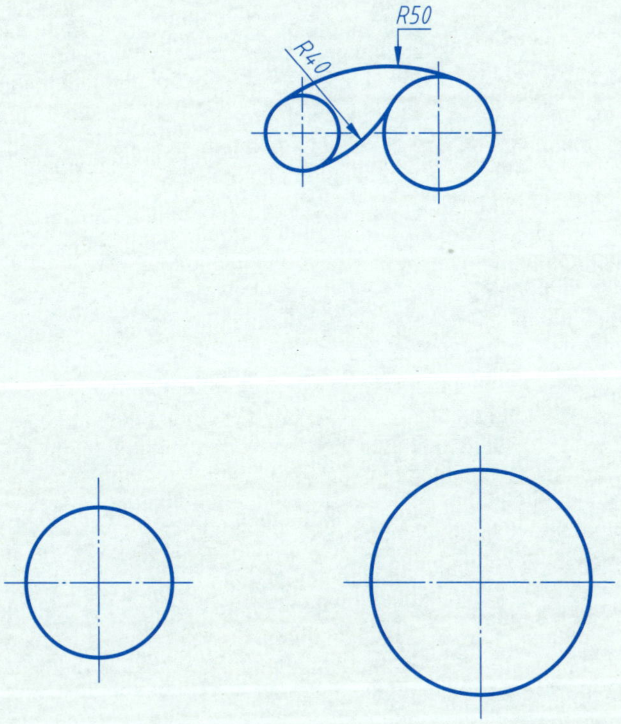

R50
R40

2.

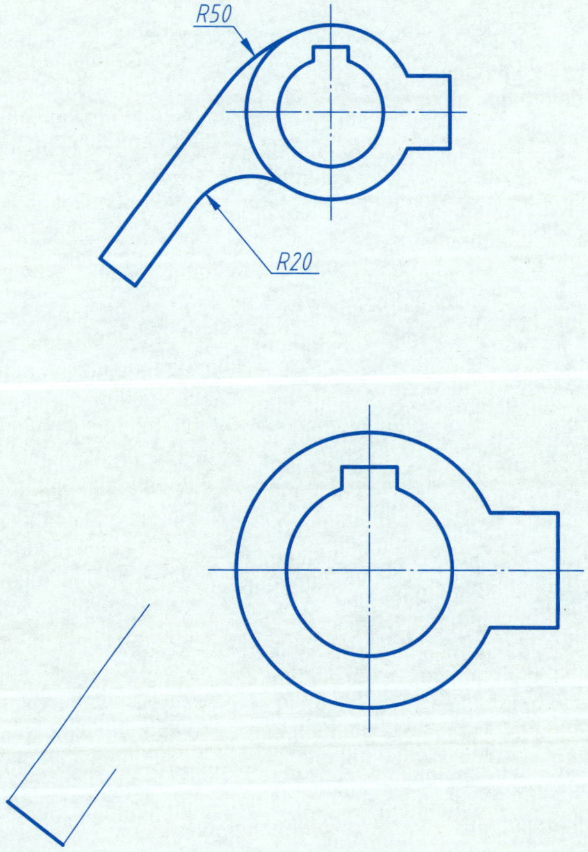

R50
R20

班级 姓名 学号

1-2-3 几何作图

1. 用四心圆法画出长轴为80 mm，短轴为40 mm的椭圆。

2. 用1:1的比例绘出设备图形。

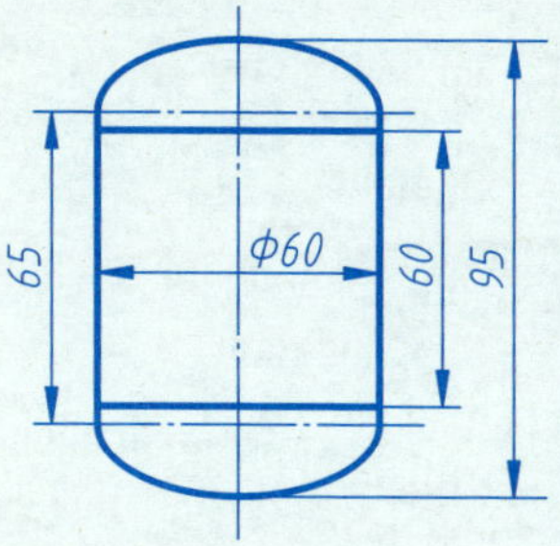

65

$\phi60$

60

95

班级　　　　姓名　　　　学号

圆弧连接练习要求及指导

一、作图目的

1. 熟悉《机械制图》国家标准中的图纸幅面、格式、比例、字体、图线及尺寸标注法。
2. 掌握线段连接技巧。

二、作图内容与要求

1. A4图纸，比例自定，按尺寸绘出图形，标注尺寸。
2. 作图正确，线型粗细分明，虚线、点画线规范作图。
3. 字体端正，图面整洁，绘出标题栏、边框线。

三、作图步骤

1. 将图纸用透明胶带平放固定在图板上。为了方便使用丁字尺，图纸尽量固定在图板左下角。
2. 在图纸上画出标准图幅、边框线、标题栏。
3. 布置图纸。根据图的大小，将图形合理地布置在图纸上，先画出主要点画线以确定图的位置。留出尺寸标注的位置。
4. 用细实线完成底稿。
5. 仔细检查并加粗加深。
6. 标注尺寸数字，填写标题栏。注意字体符合要求。

四、注意事项

1. 做好画图前的准备工作，分析平面图形的尺寸，确定线段性质。
2. 圆弧应先作出圆心和切点，再作圆弧。
3. 注意轮廓线与作图辅助线的区别。
4. 各种图线的相交要符合国家标准的规定。

1.

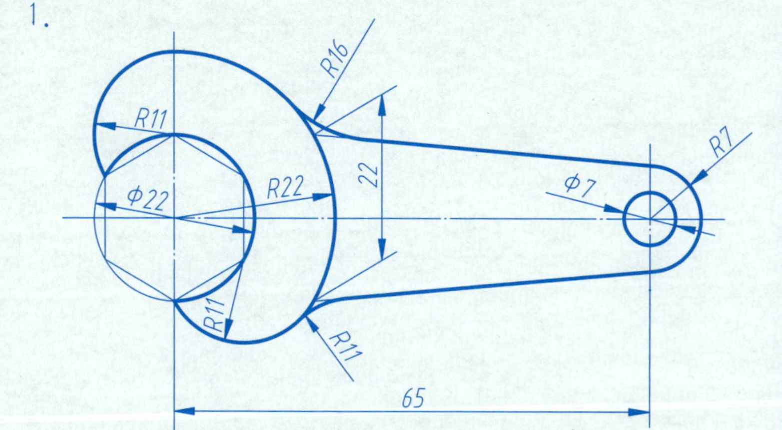

2.

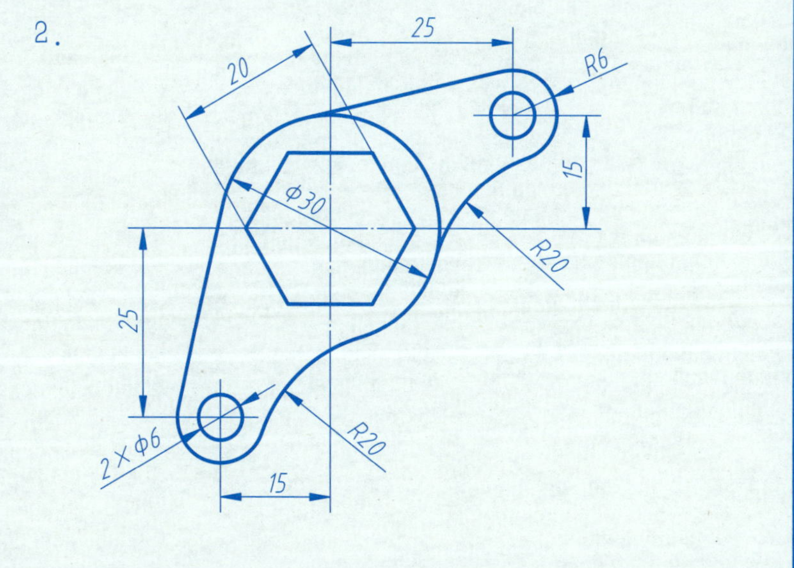

班级　　　　姓名　　　　学号

1-2-5　平面图形的作图(二)

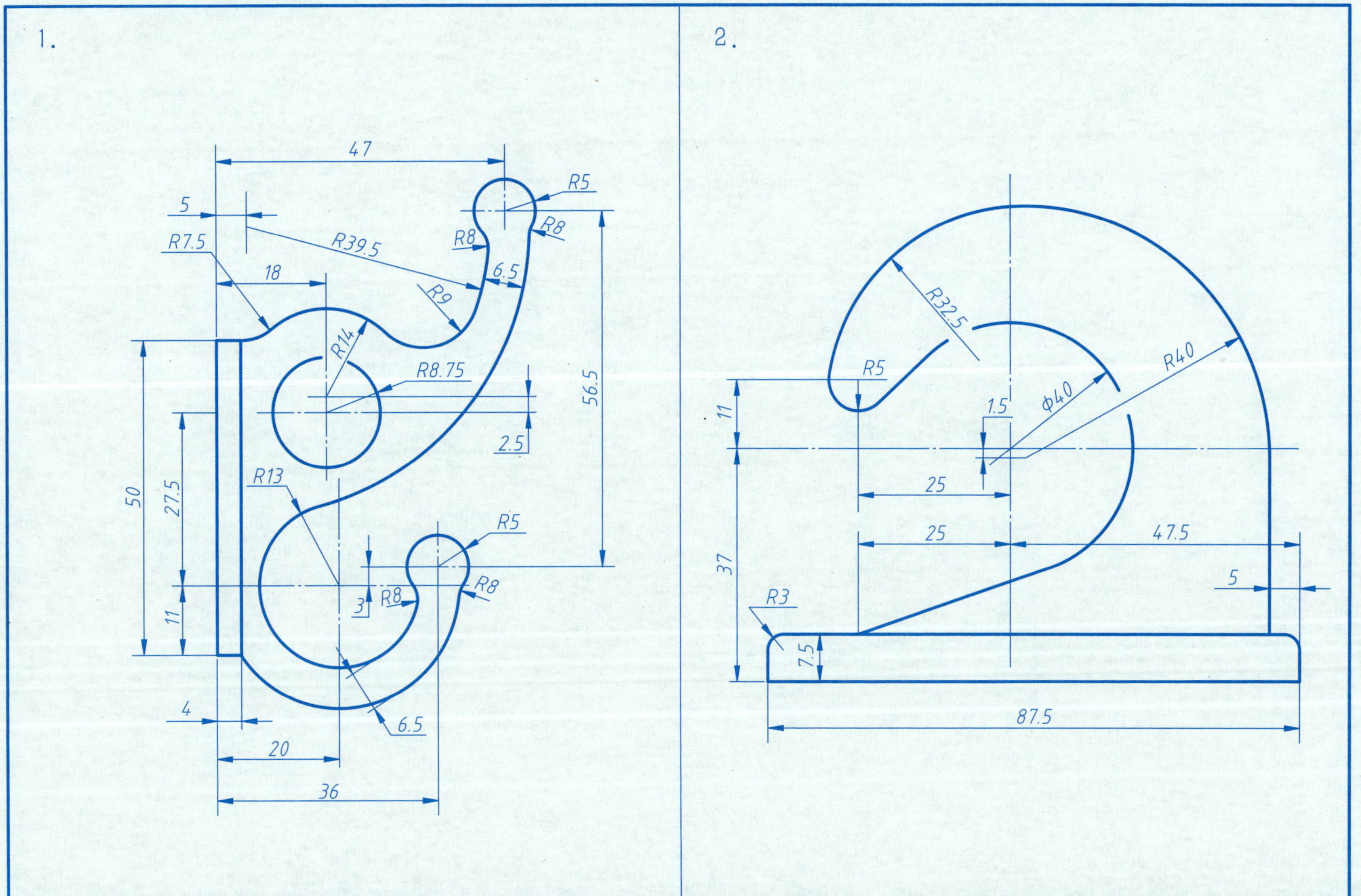

班级　　　　姓名　　　　学号

1-2-6 徒手画出下列图形(比例自定)

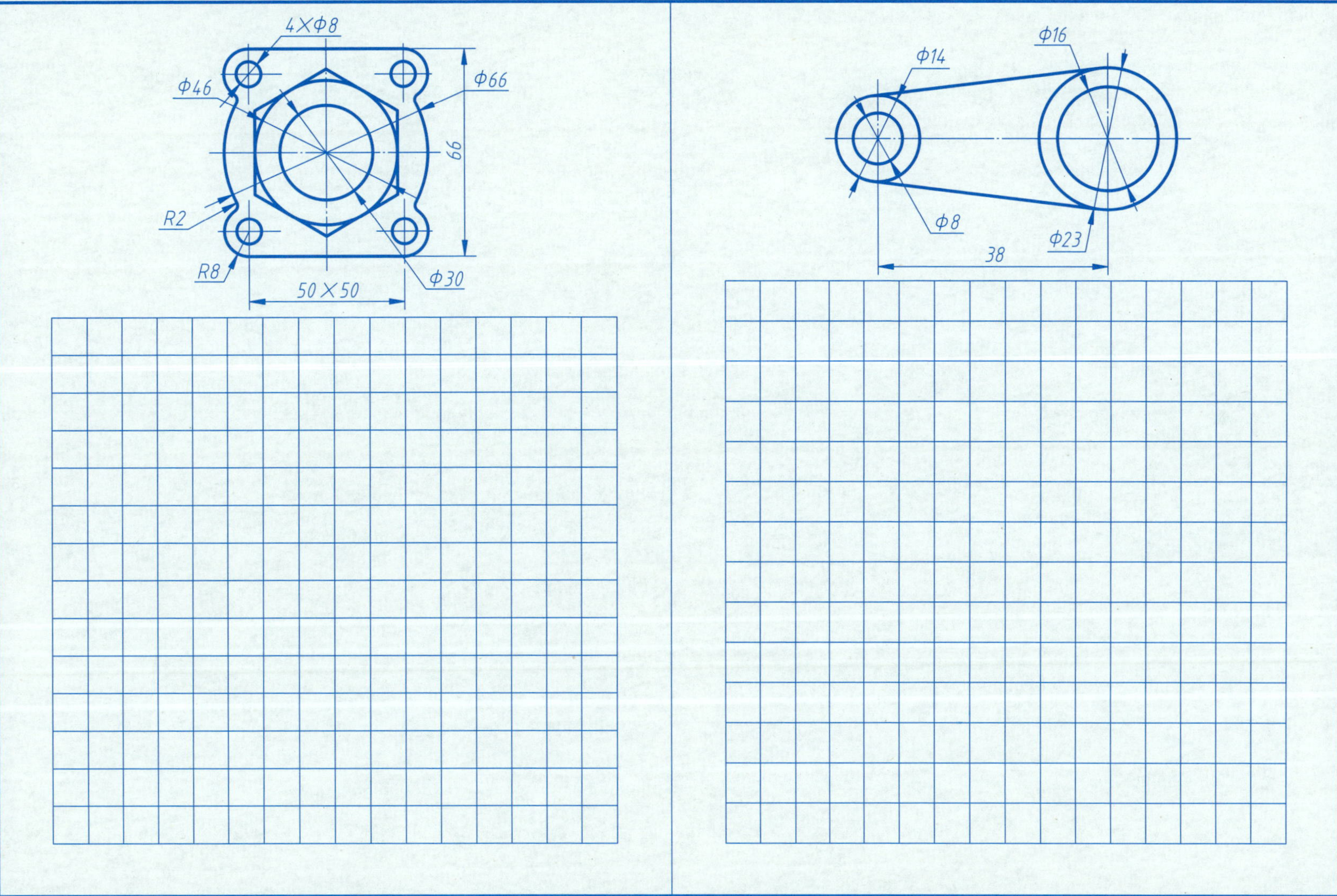

班级 姓名 学号

拓展篇 1-2-7 完成下列图形的线段连接，比例1：1，标注出圆心和切点

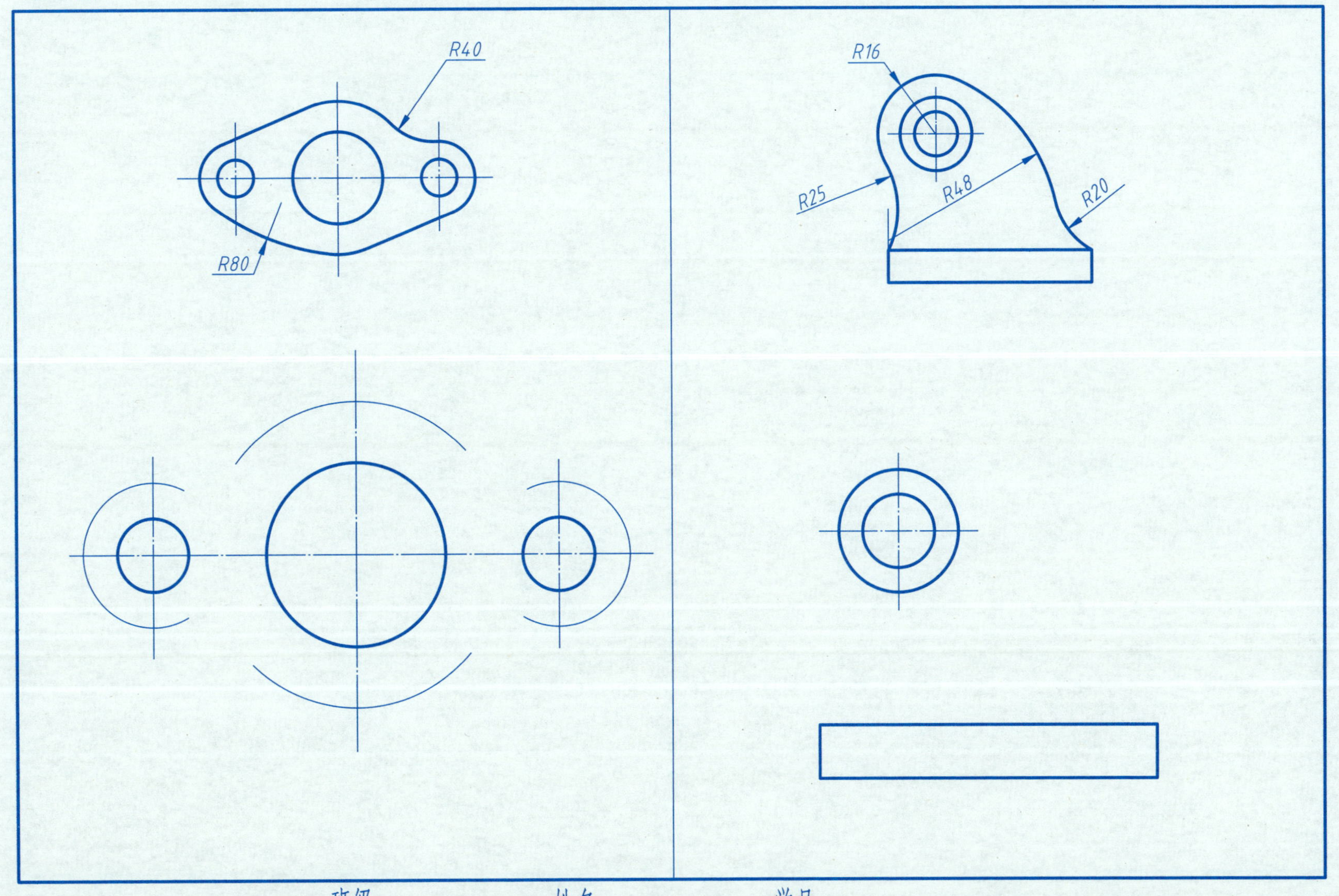

班级　　　　姓名　　　　学号

1-2-8 平面图形的设计

设计指导

设计就是“有目的的创作行为”，是人类改变原有事物，使其变化、增益、更新、发展的创造性活动，是构想和解决问题的过程。制图是表达设计思想的重要工具，将事物图形化，这是设计的基础，左图所示为由动物联想设计汽车的一个过程。多思考我们在生活中如何对事物进行抽象，空间概念的提取是一个最基础的要素，习题1-2-9中卡钳的图形完全对照物体的实际形状，起重钩的图形进行了一些处理，同学们可自选物体进行图形的优化。

班级　　　　姓名　　　　学号

1-2-9 零件的图形优化

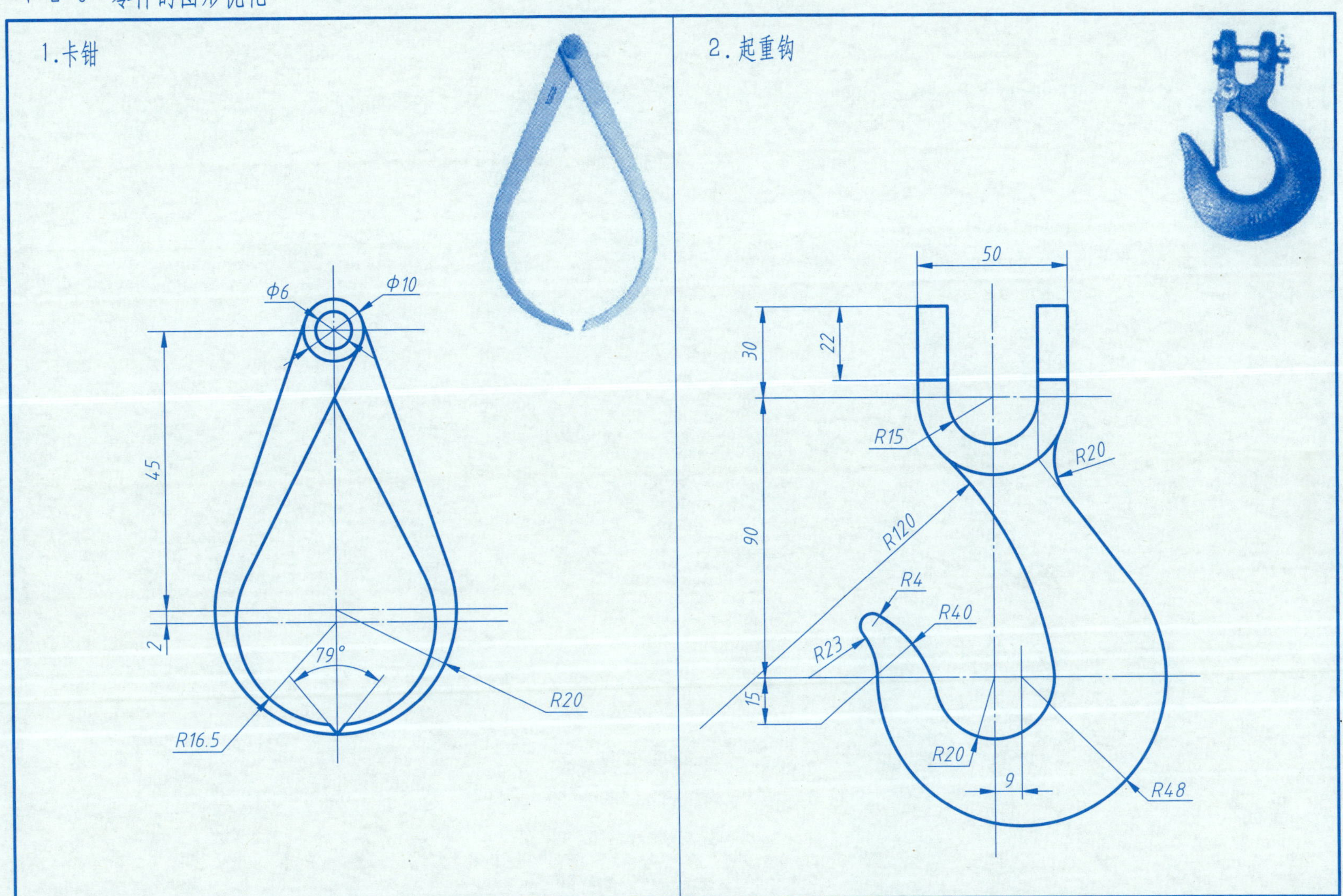

班级　　姓名　　学号

1-2-10 高架桥的图形优化

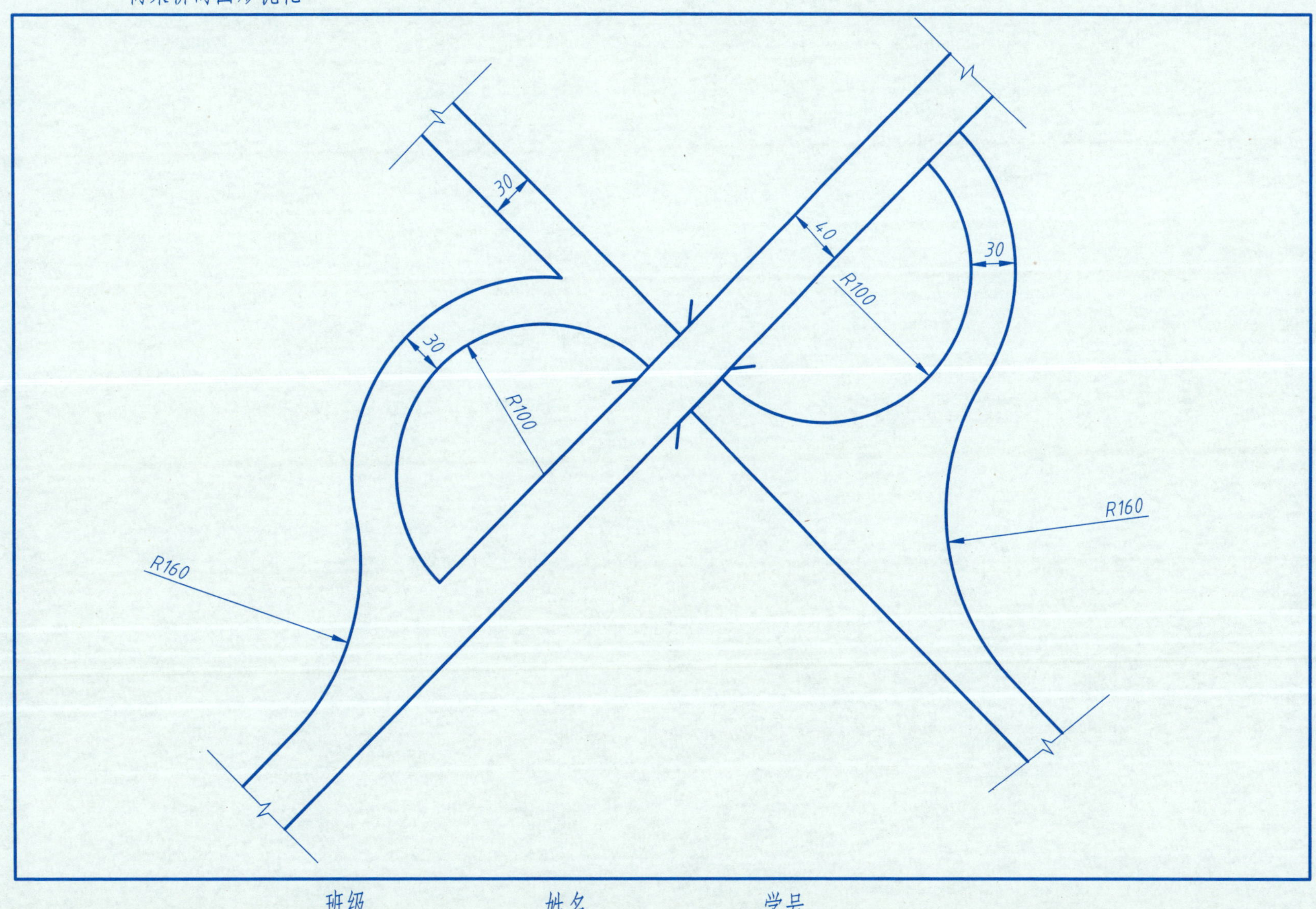

班级　　姓名　　学号

基础篇 1-3-1　由物体的立体图选择三视图

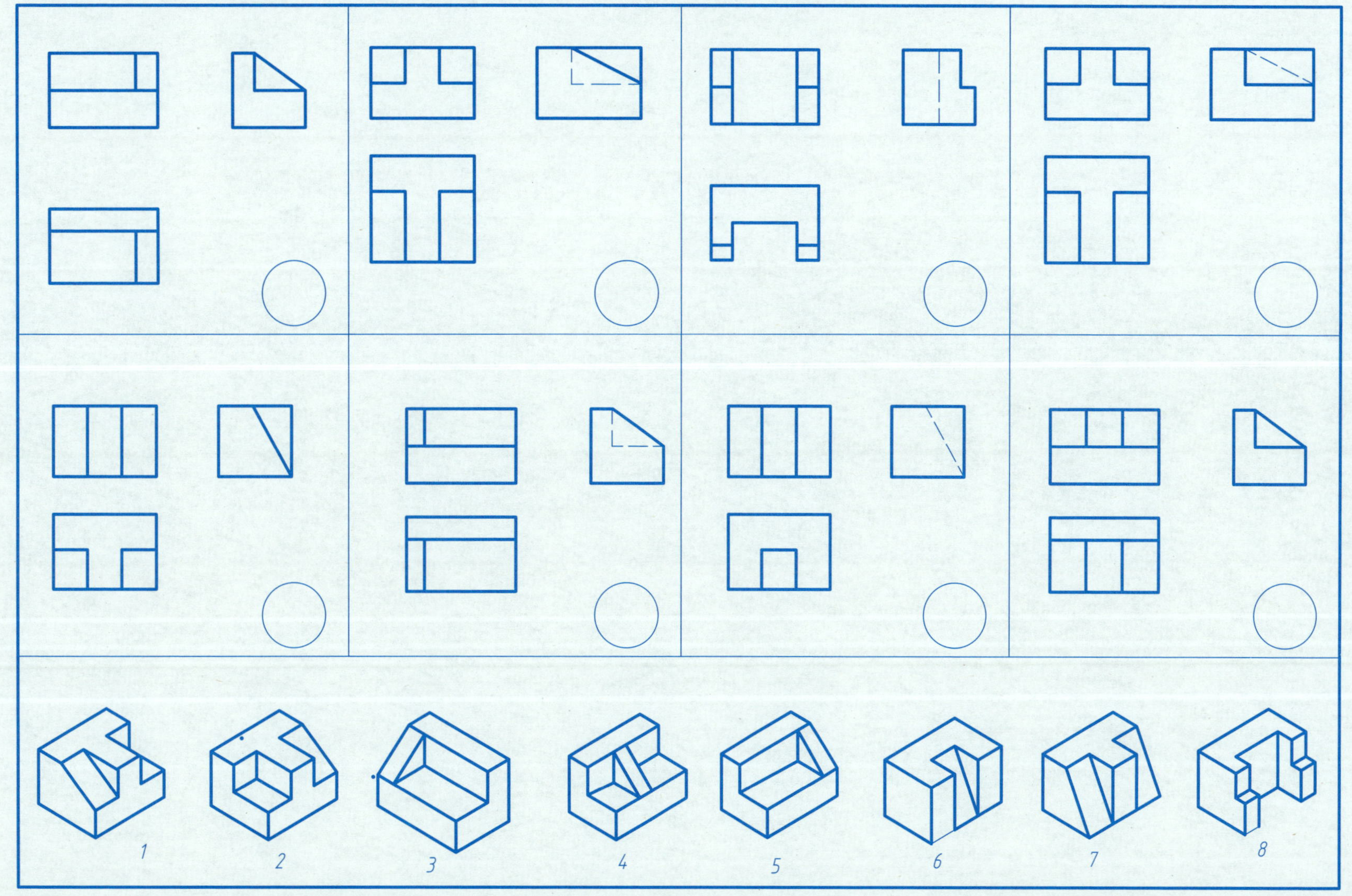

班级　　　　姓名　　　　学号

1-3-2 由物体的立体图绘制三视图(一)

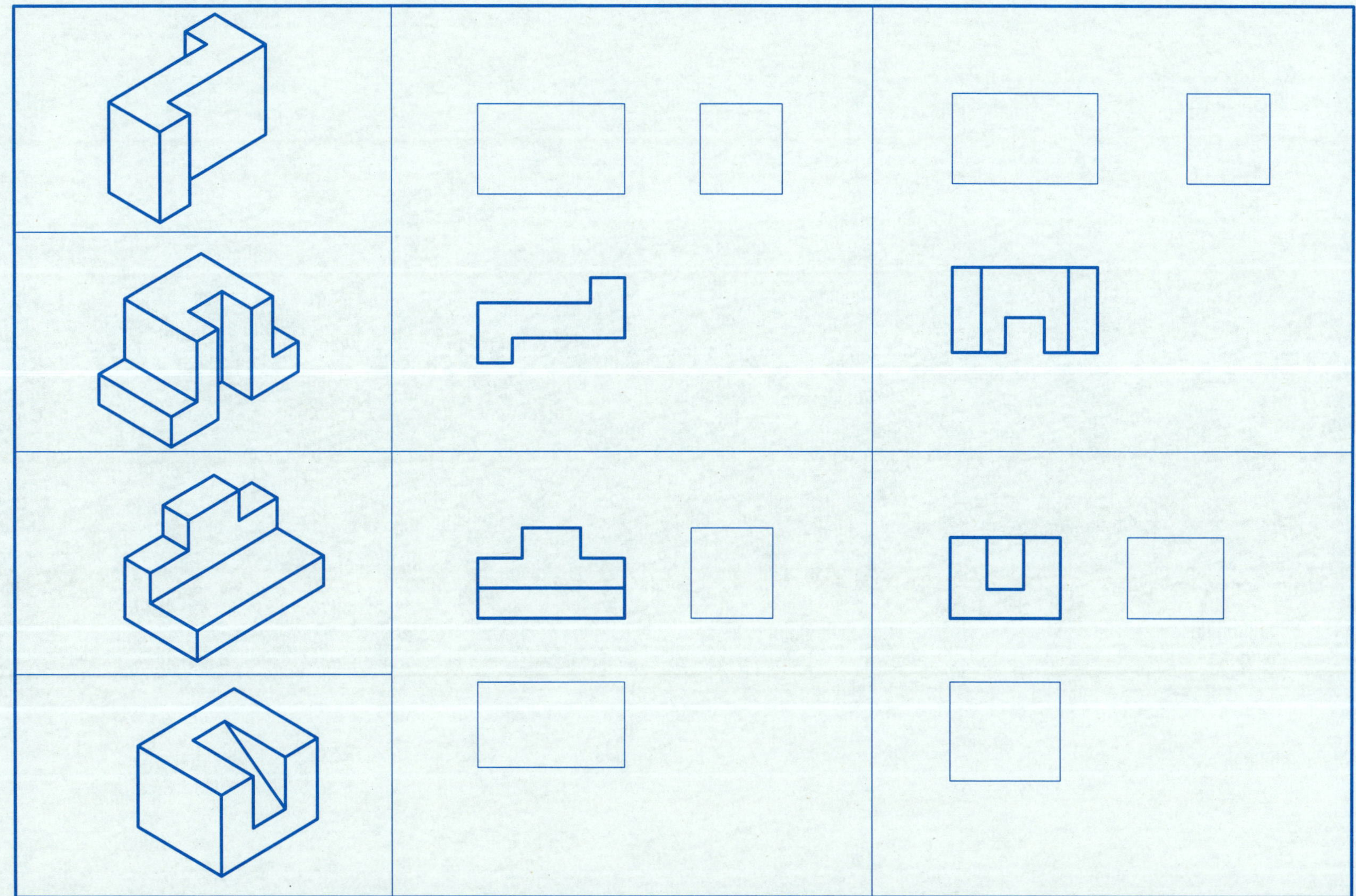

班级　　　　姓名　　　　学号

1-3-3 由物体的立体图绘制三视图(二)

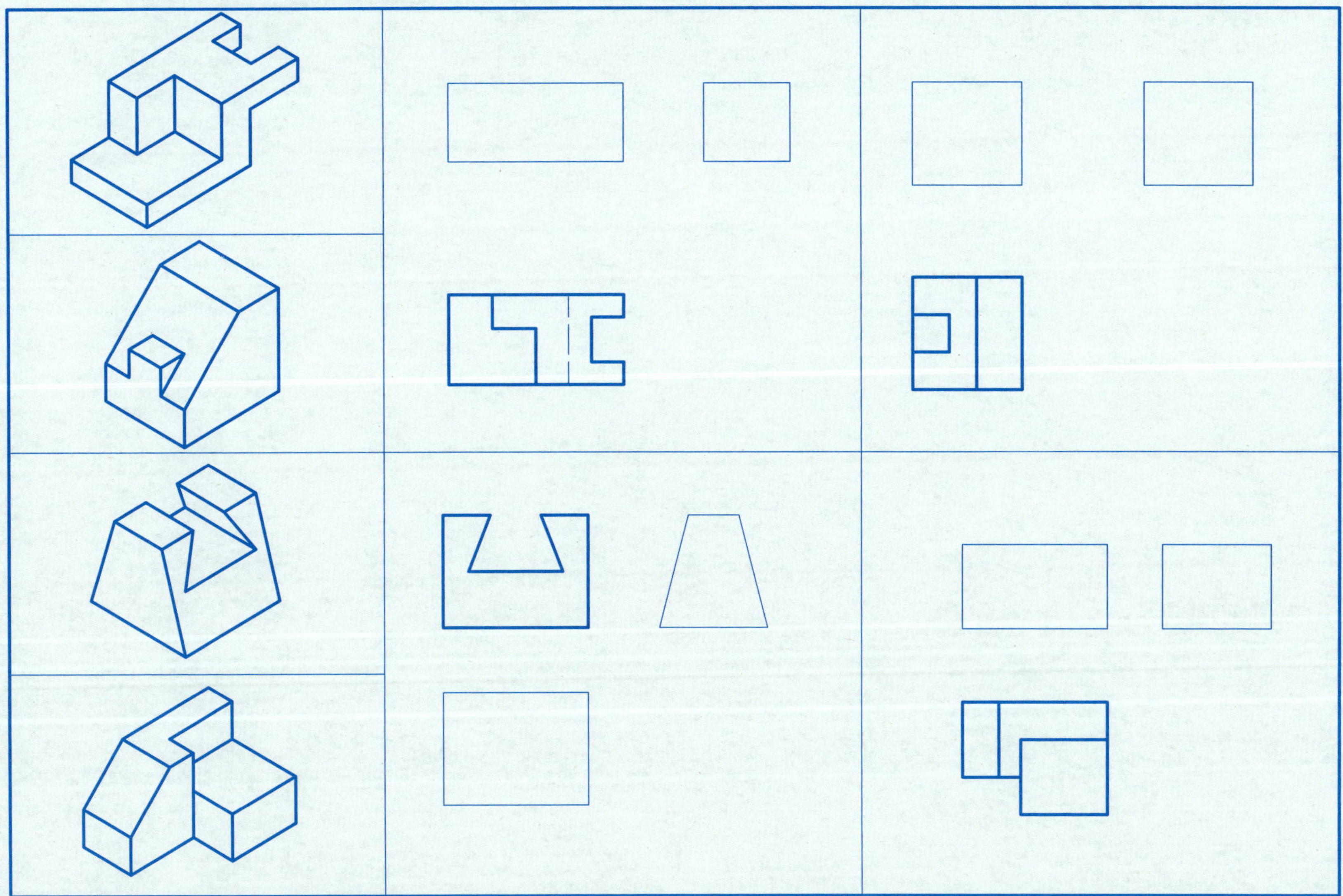

班级 姓名 学号

1-3-4　由物体的立体图绘制三视图(三)

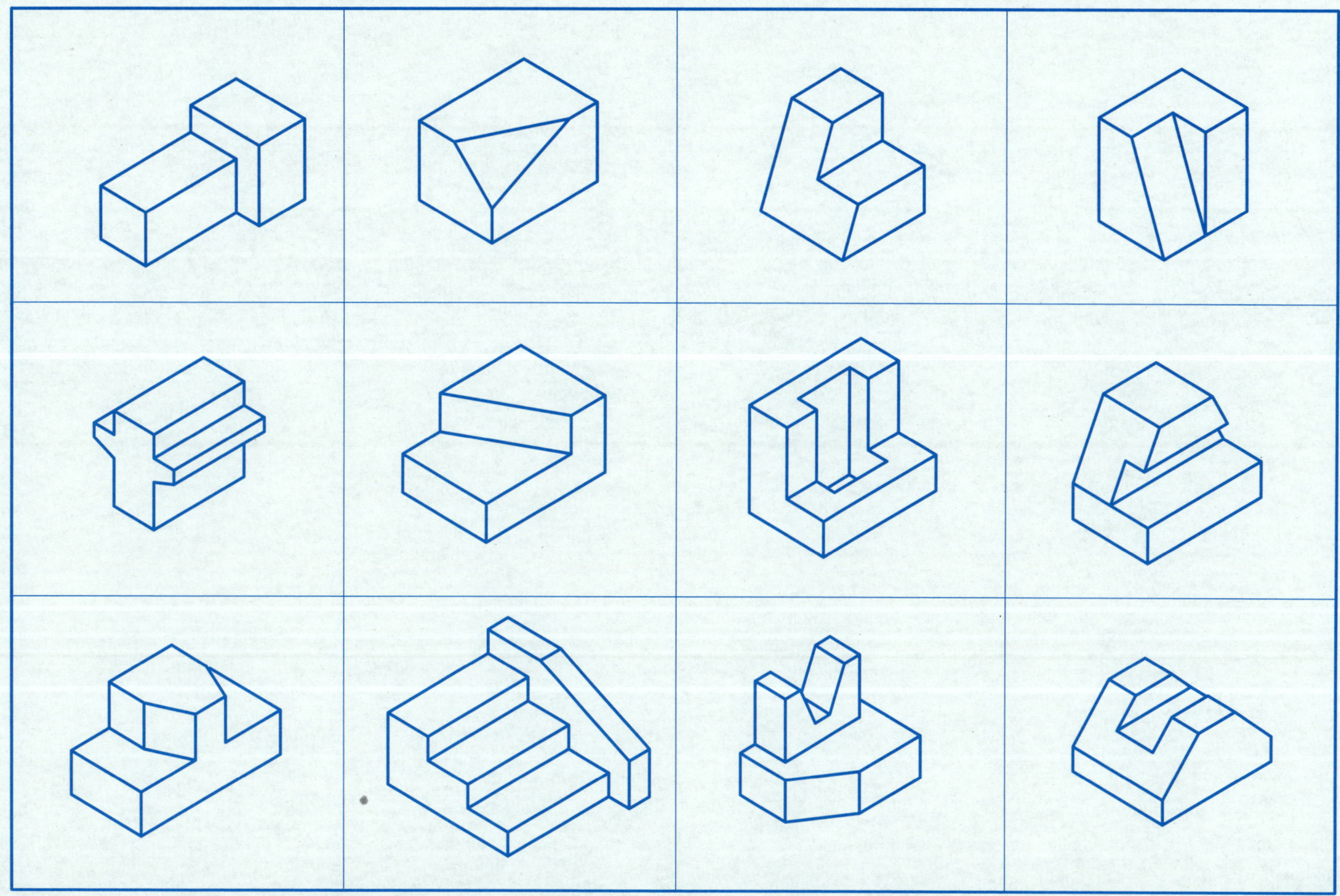

班级　　　　　　　　姓名　　　　　　　　学号

1-3-5 点的投影(一)

1. 由点的两面投影，作出第三面投影。

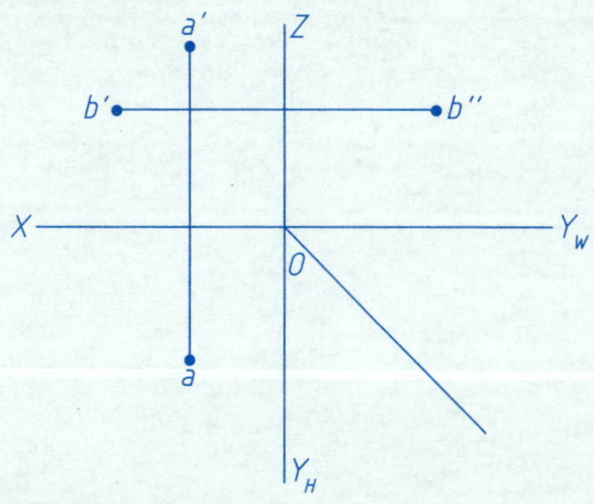

2. 作出点的第三面投影并填空。

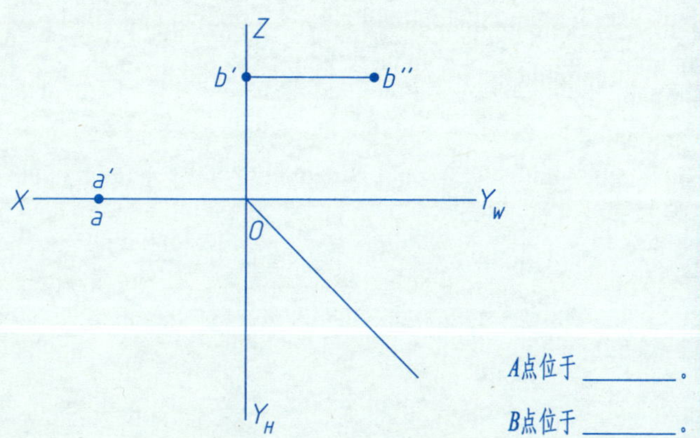

A点位于________。

B点位于________。

3. 已知C点的H面投影，并知距H面的距离为15 mm，作出三面投影图。

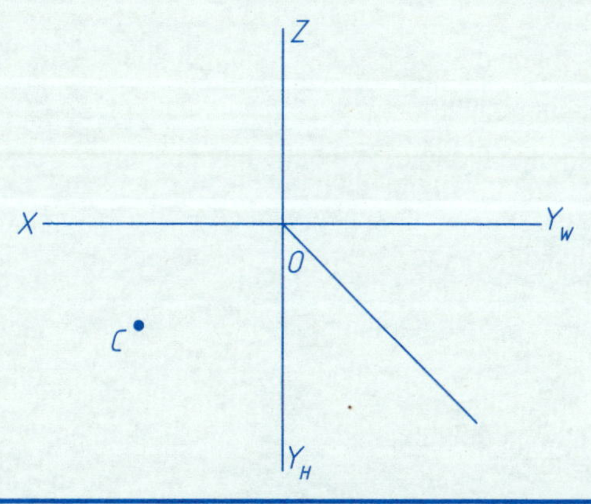

4. 已知点A (10, 20, 15)，作A点的三面投影图。

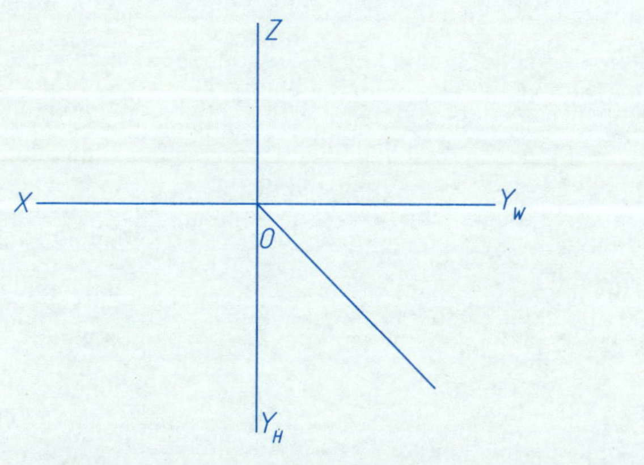

班级　　　　姓名　　　　学号

1. 已知C点距H面的距离为20 mm，距V面为15 mm，距W面为25 mm，求C点的坐标并画出三面投影图。

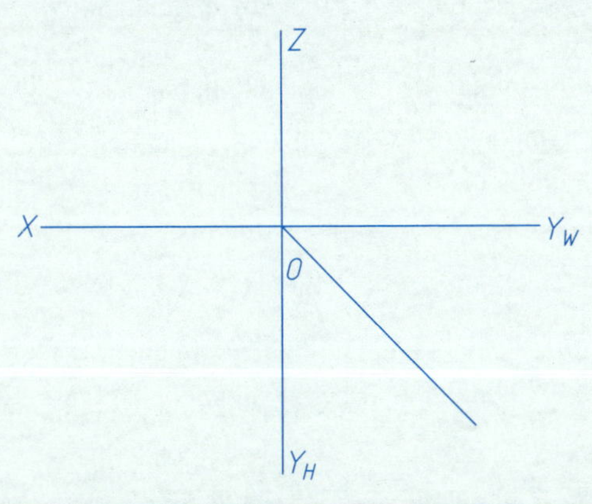

2. 参照立体图，在三视图上标出A、B两点的投影。

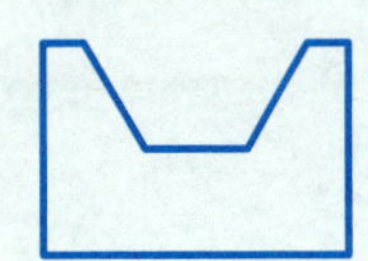

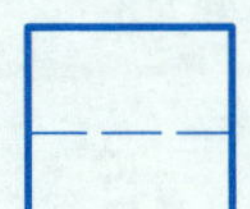

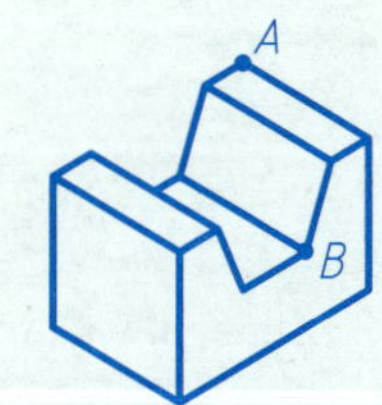

3. 已知点B(10,14,15)，A点在B点的正上方5 mm，C点在A点的左方5 mm，前方10 mm，下方10 mm，求A、C两点的坐标及A、B、C三点的三面投影图。

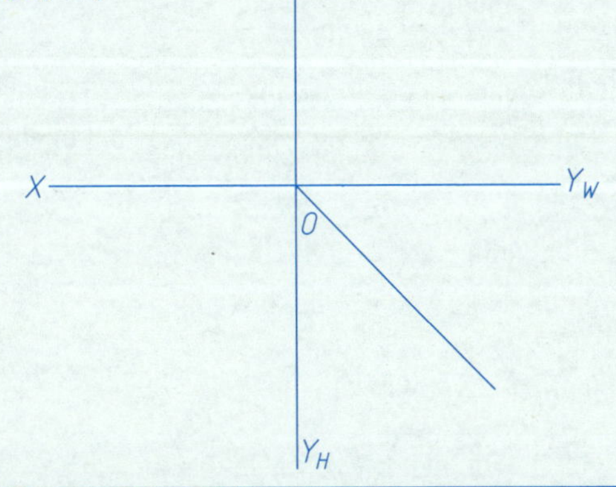

4. 由点的轴测图（尺寸由图量取）绘出E、S两点的三面投影图。

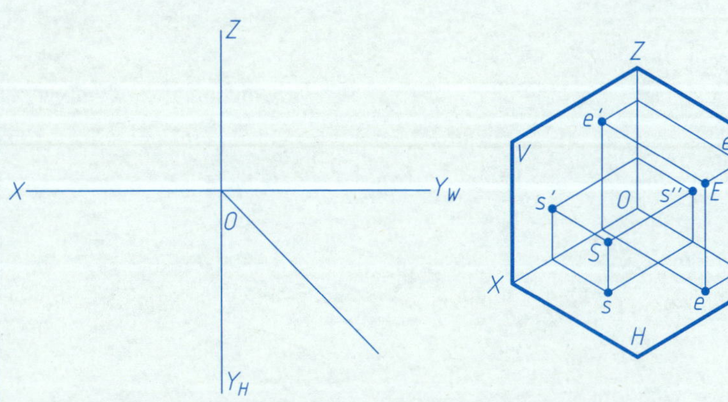

班级　　　　姓名　　　　学号

1-3-7　完成P、Q、R面的三面投影(一)

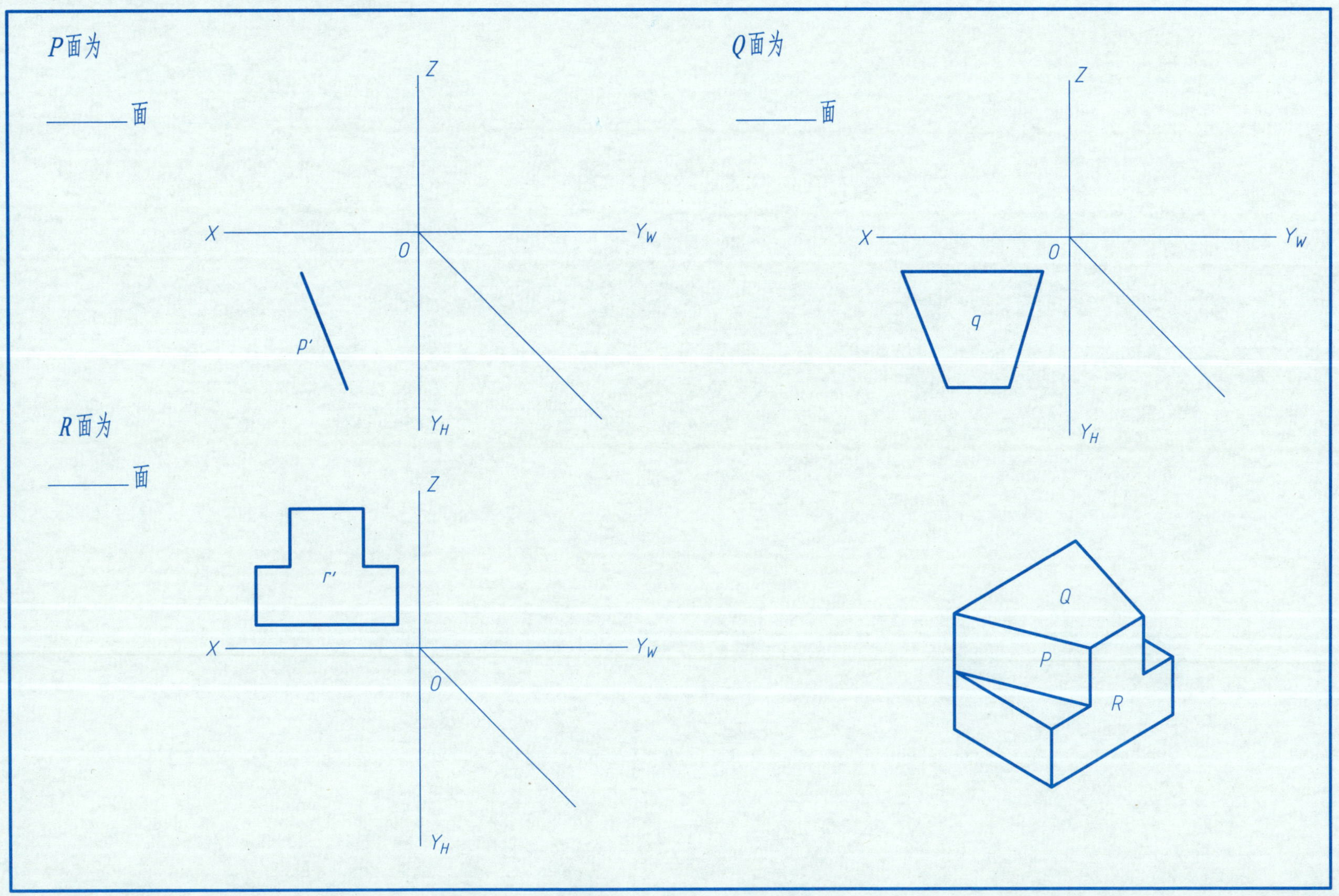

班级　　姓名　　学号

1-3-8 完成P、Q、R面的三面投影(二)

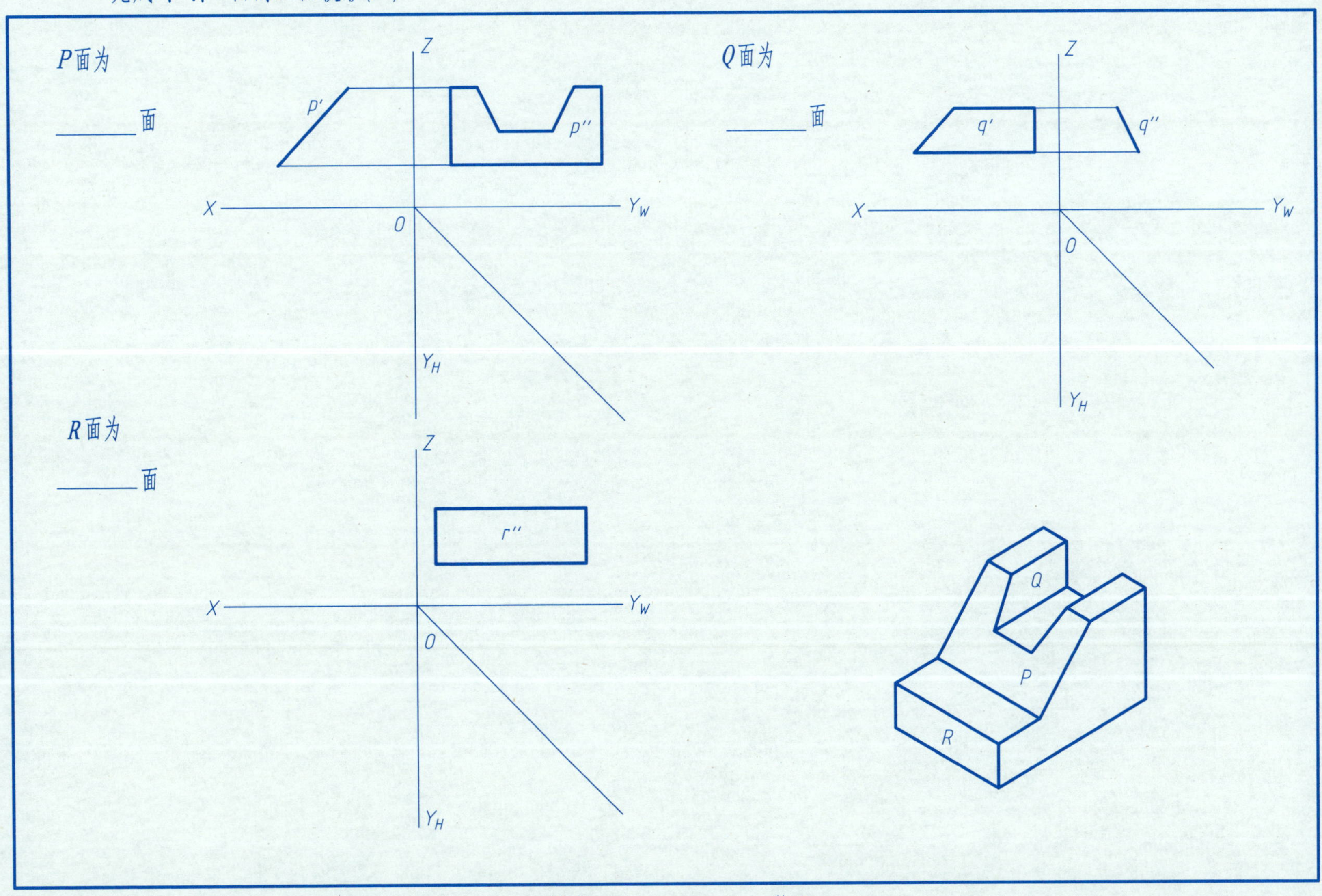

班级　　姓名　　学号

1-3-9　平面上的直线和点

1. 已知△ABC的三面投影分别为abc、$a'b'c'$和$a''b''c''$，点M在平面ABC上，其在abc面的投影为m，作出M点的另两面投影。

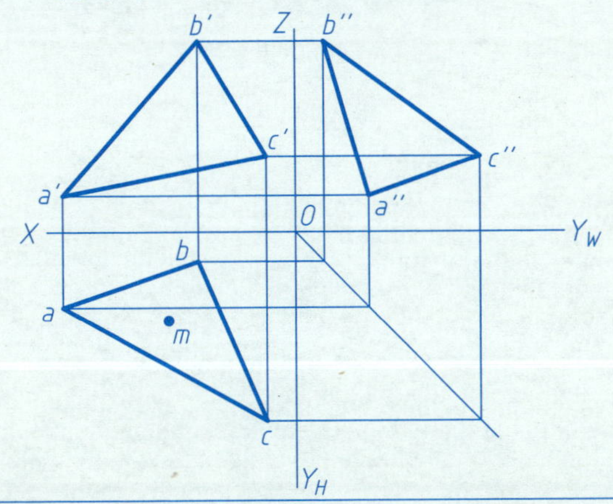

2. 已知平面$ABCD$的H面投影为$abcd$，作出平面$ABCD$的V面投影。

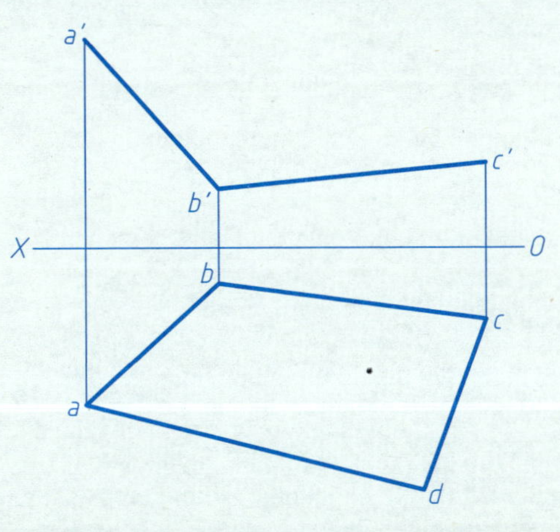

3. 已知△ABC的H面投影为abc，点K在平面ABC上，在平面ABC上求点K，使K点与H面和V面的距离都等于15 mm。

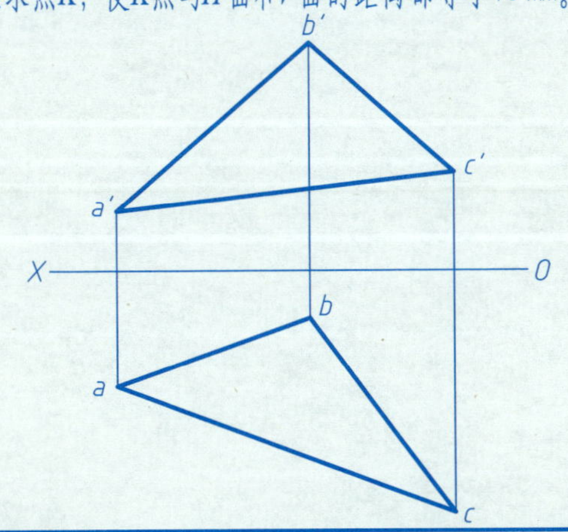

4. 找出A、B面的三面投影，并涂黑标记。

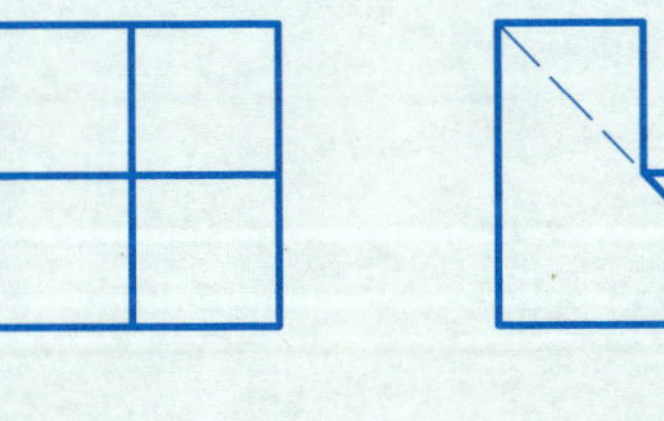

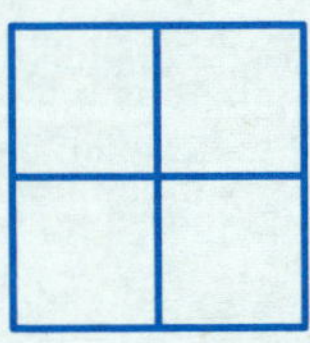

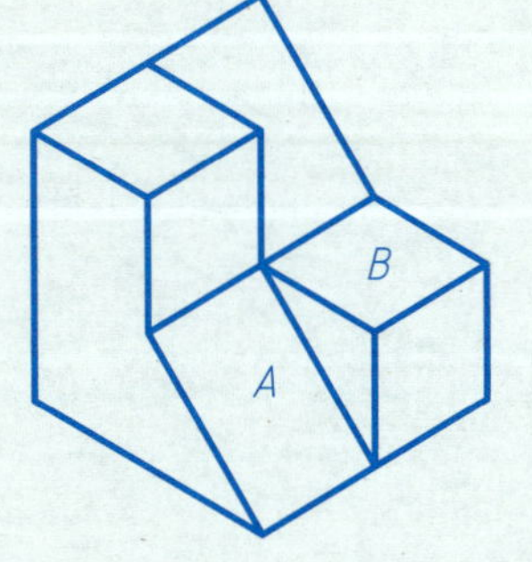

班级　　　姓名　　　学号

1-3-10 补画基本几何体的第三面投影，并画出两个立体表面有点的另二面投影

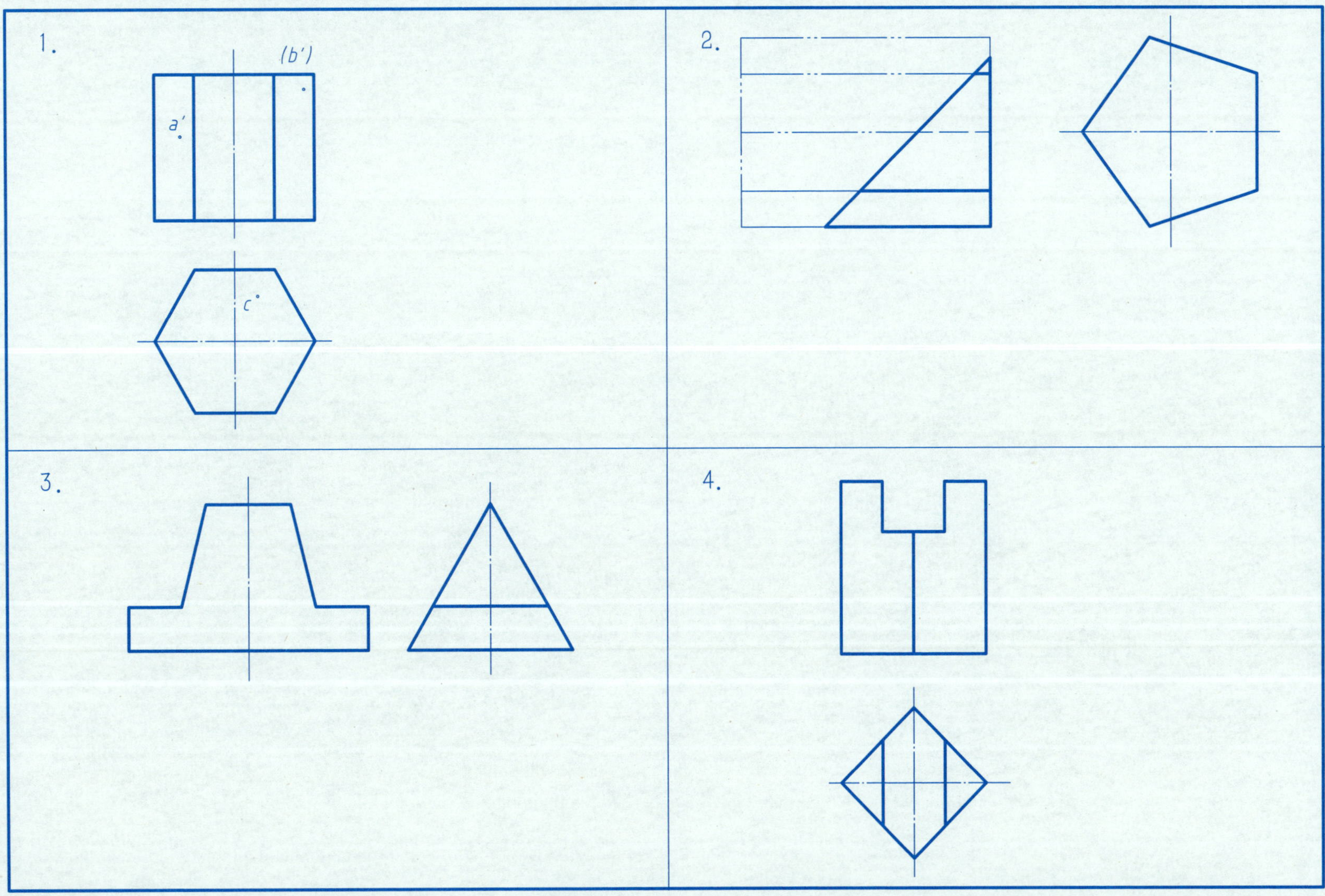

班级 姓名 学号

1-3-11 补全三视图

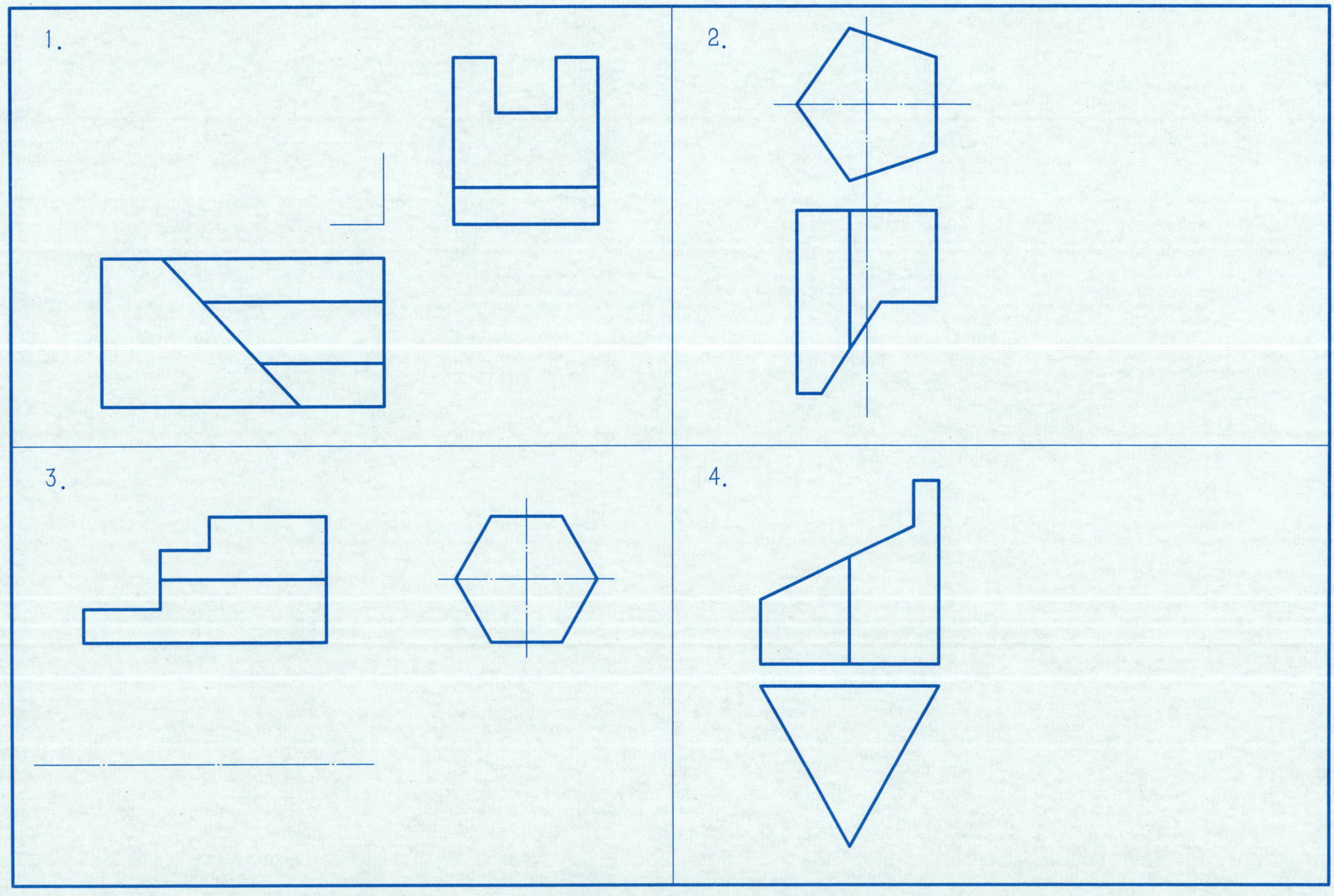

班级　　　　姓名　　　　学号

1-3-12 补全几何体的三面投影，并画出立体表面上点的投影

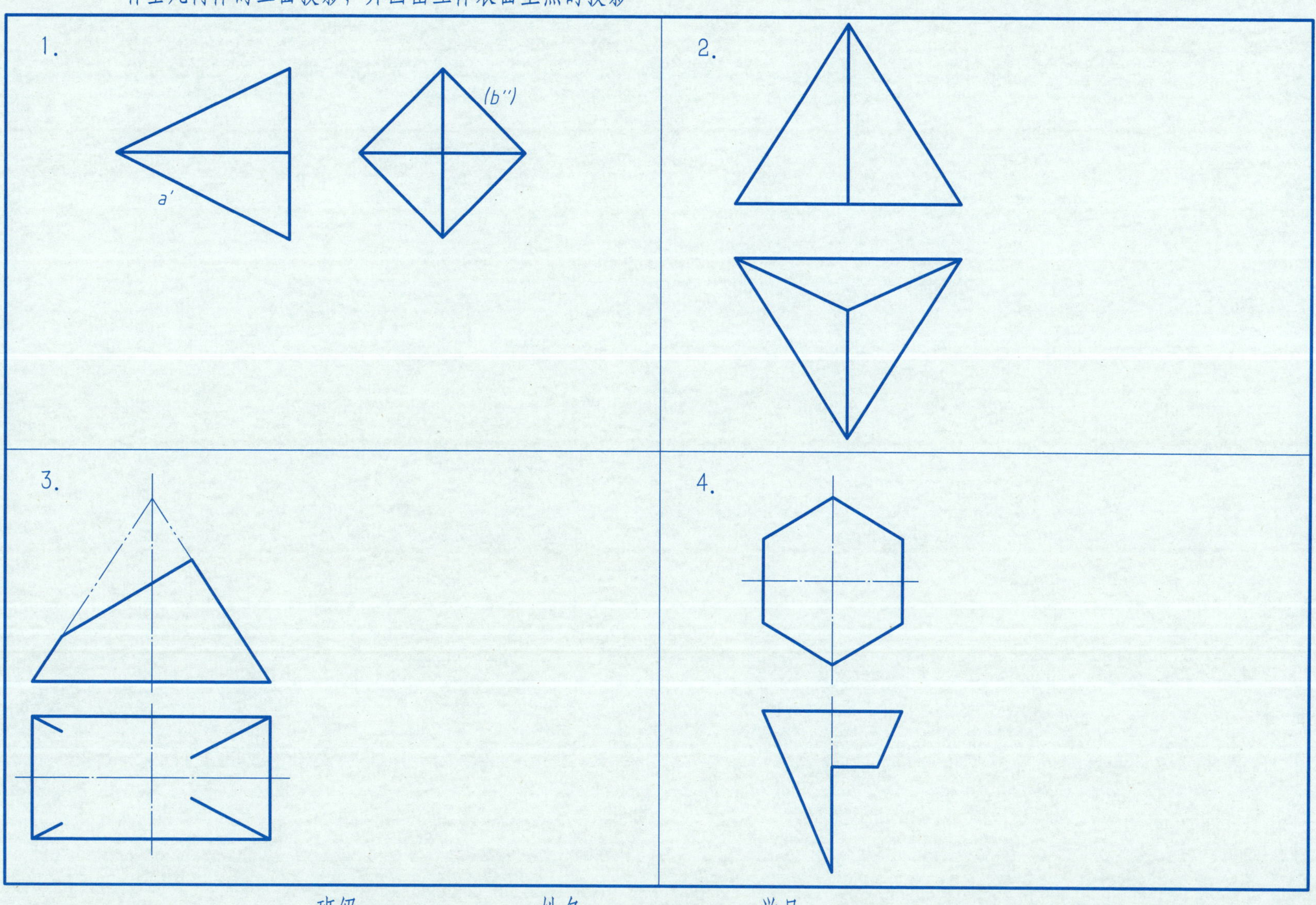

班级 姓名 学号

拓展篇 1-3-13 直线的投影

1. 已知AB为侧垂线（A点在右），实长为10 mm，求作AB的三面投影。

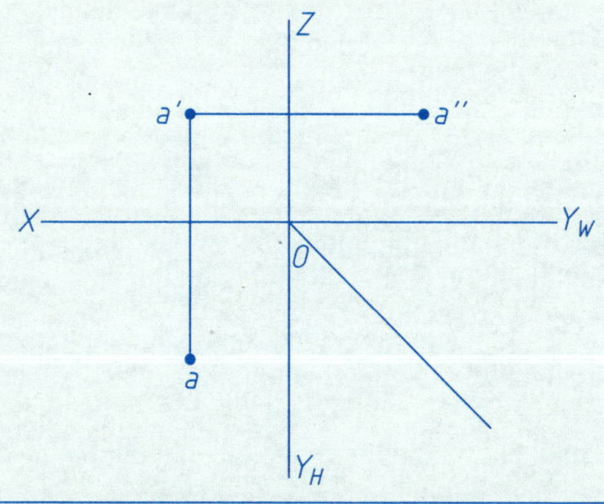

2. 已知AB为水平线（A点位于B点的左前方），实长为15 mm，与V面的夹角为30°，求作AB的三面投影。

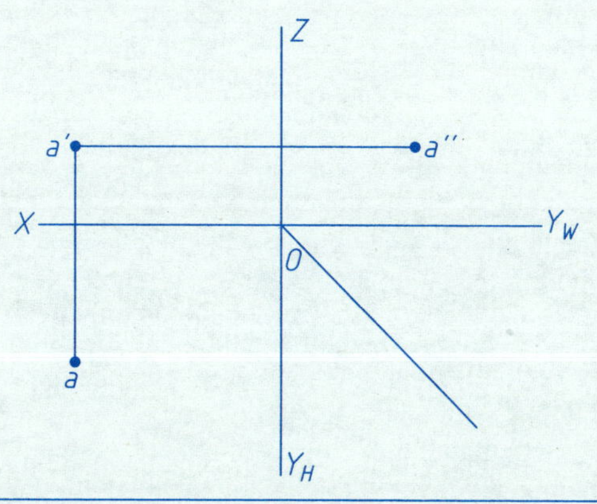

3. MN为侧垂线，它到H面和V面的距离相等，作出MN的三面投影。

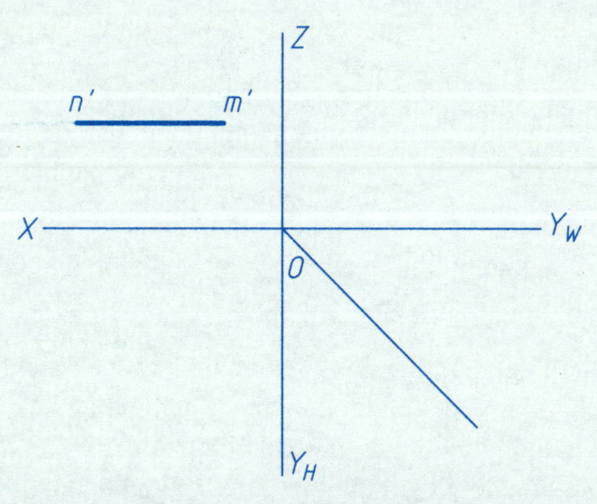

4. 已知直线EF的三面投影分别为ef、$e'f'$、$e''f''$，点G在直线EF上，作出G点的三面投影。

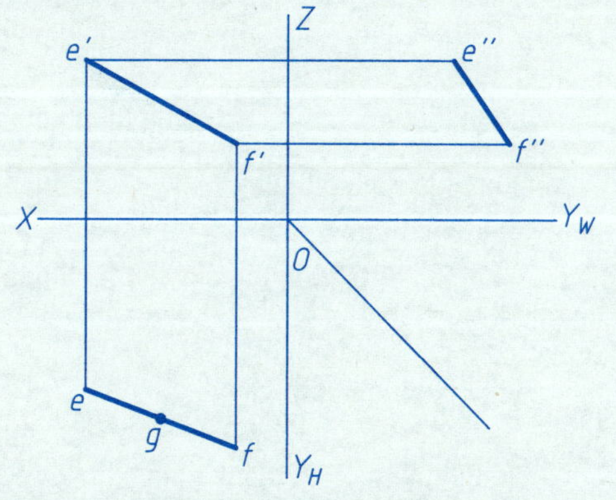

班级　　　　姓名　　　　学号

1.侧平线上有点G，其在V面上的投影为g′不作出第三面投影，求G点的水平投影。

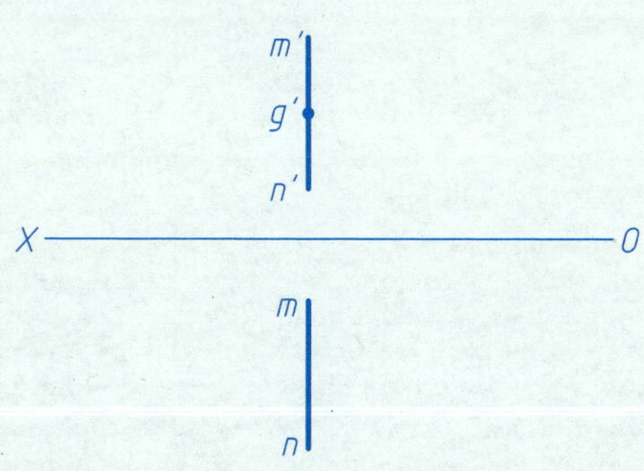

2.过点M作直线与AB相交，交点距H面的距离为25 mm。

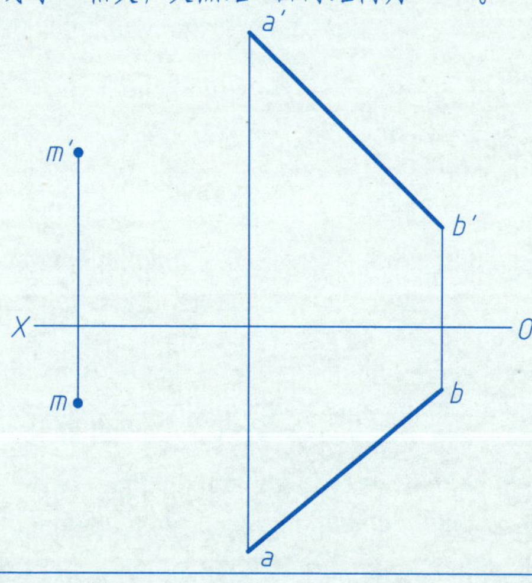

3.直线EF、MN在H面和V面的投影分别为ef、e′f′、mn、m′n′，作一条距V面距离为15 mm的正平线与直线EF、MN相交。

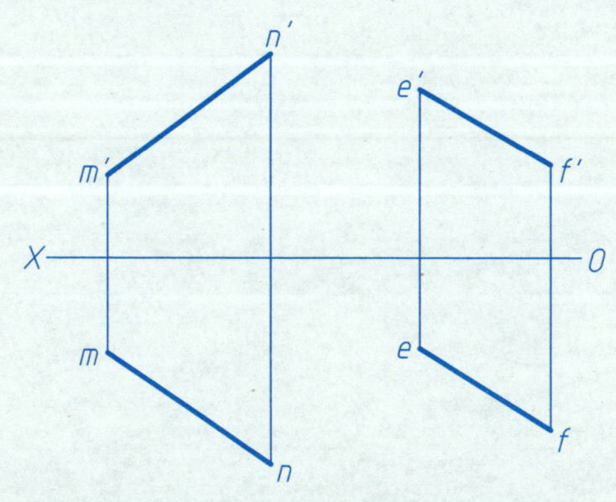

4.注出AB、CD两条交叉直线上两个重影点的另一面投影。

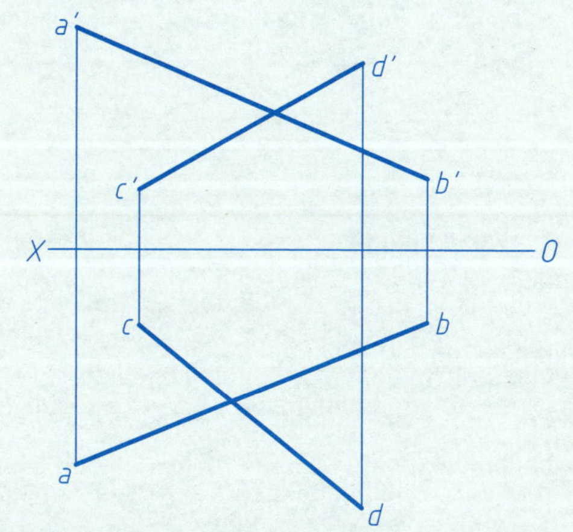

班级　　　　姓名　　　　学号

1-3-15 补画三视图

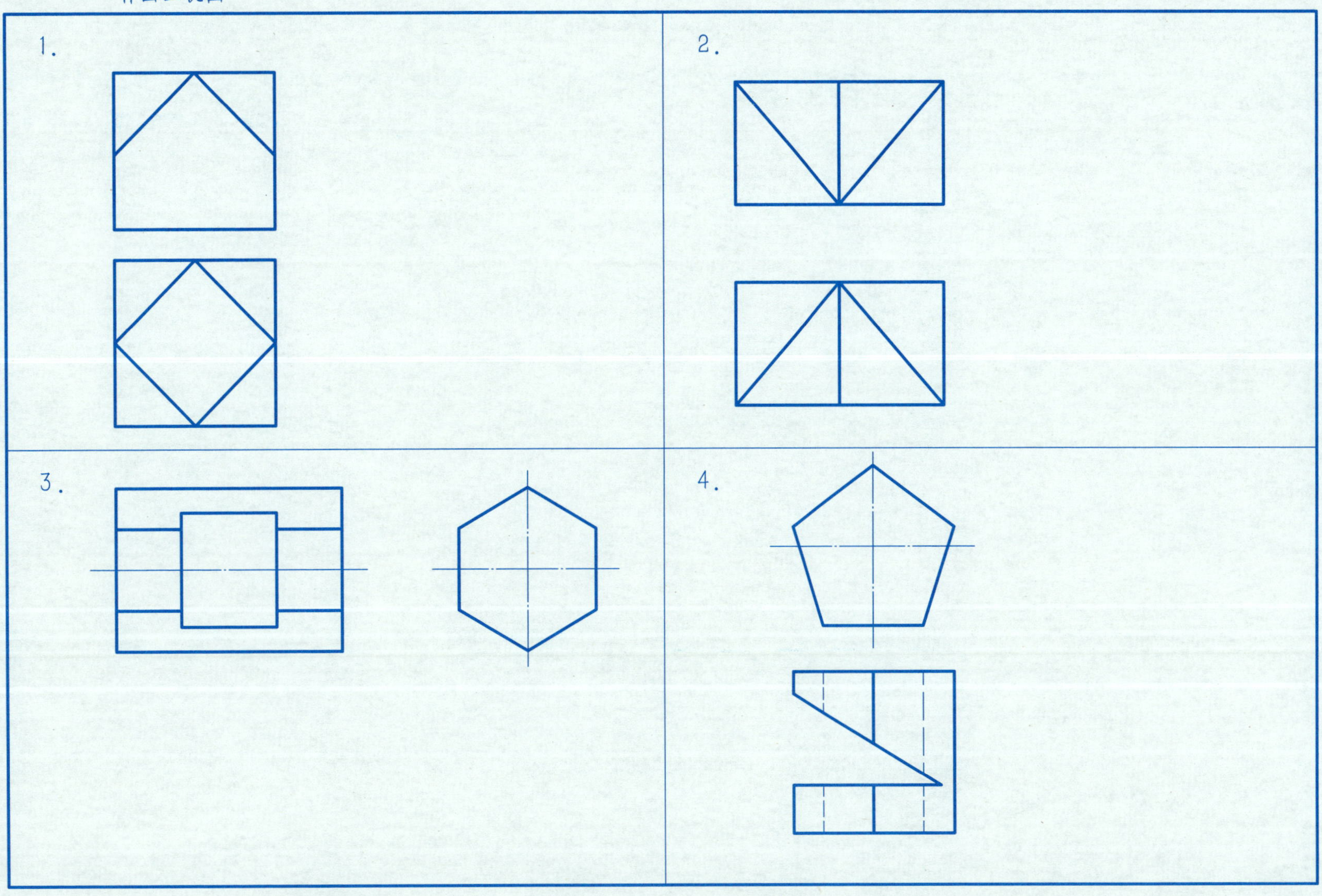

班级 姓名 学号

1-3-16 补全三视图

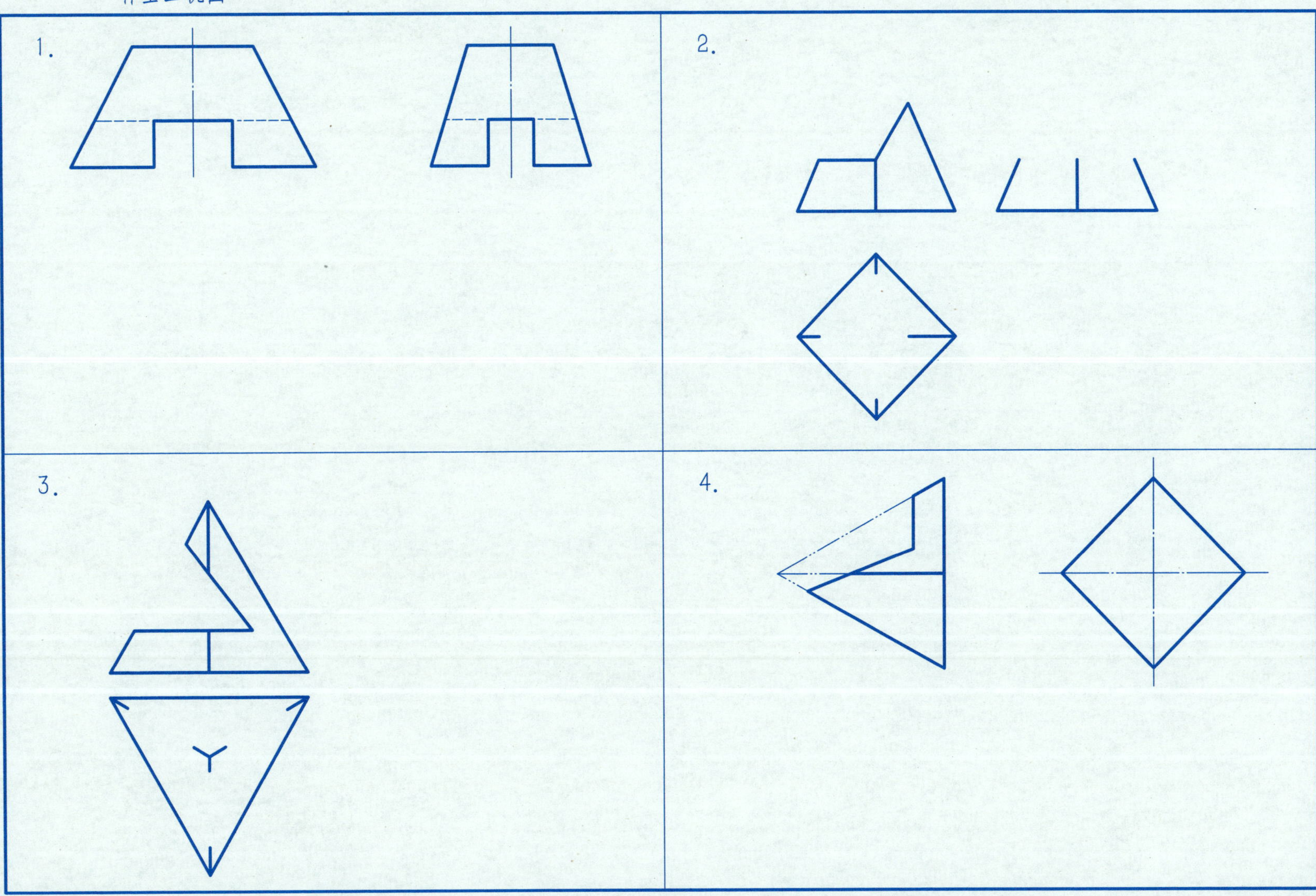

班级 姓名 学号

基础篇　1-4-1　补全几何体的三面投影，并画出立体表面上点的另二面投影

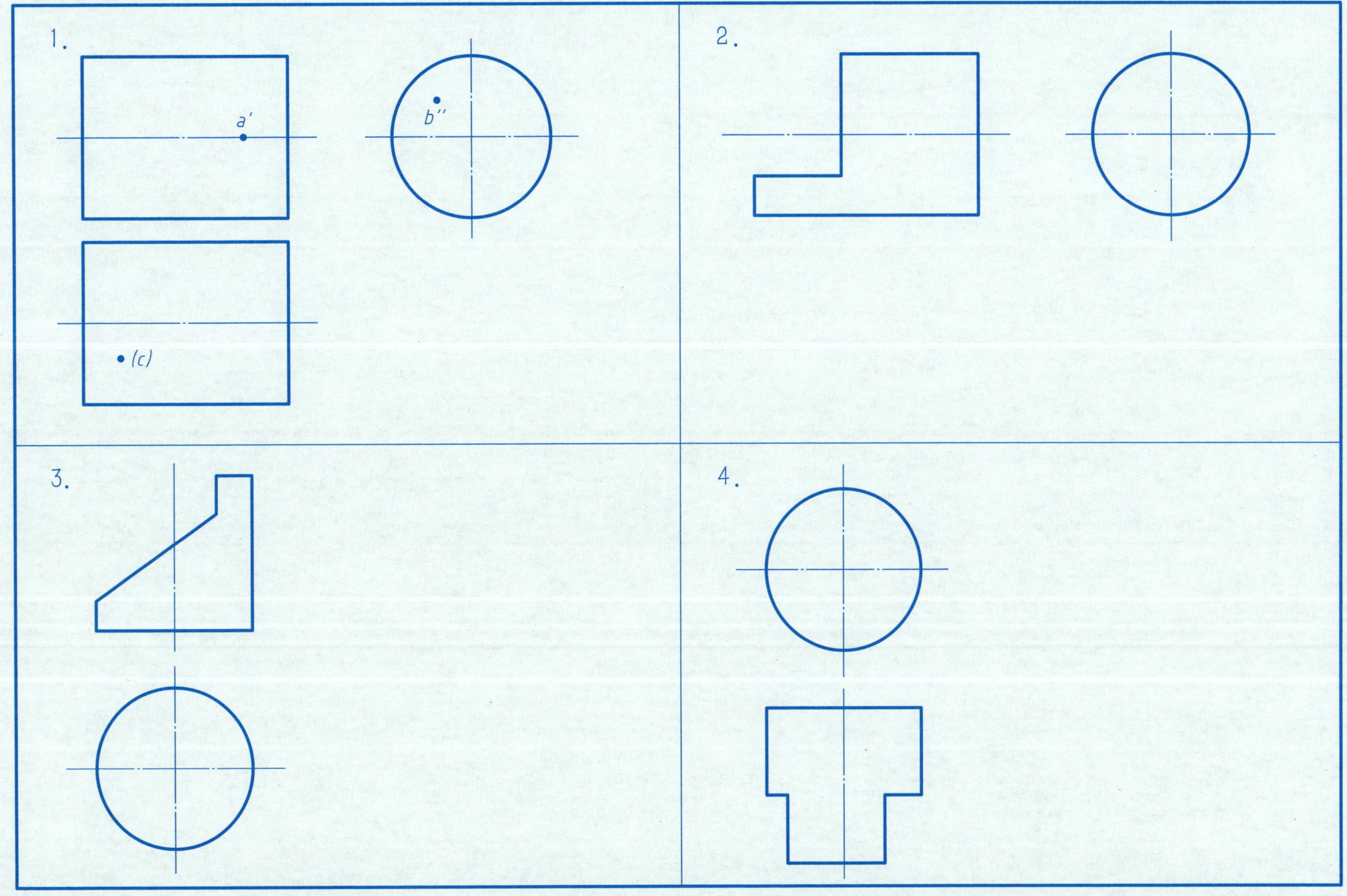

班级　　姓名　　学号

1-4-2 补画带切口几何体的三视图

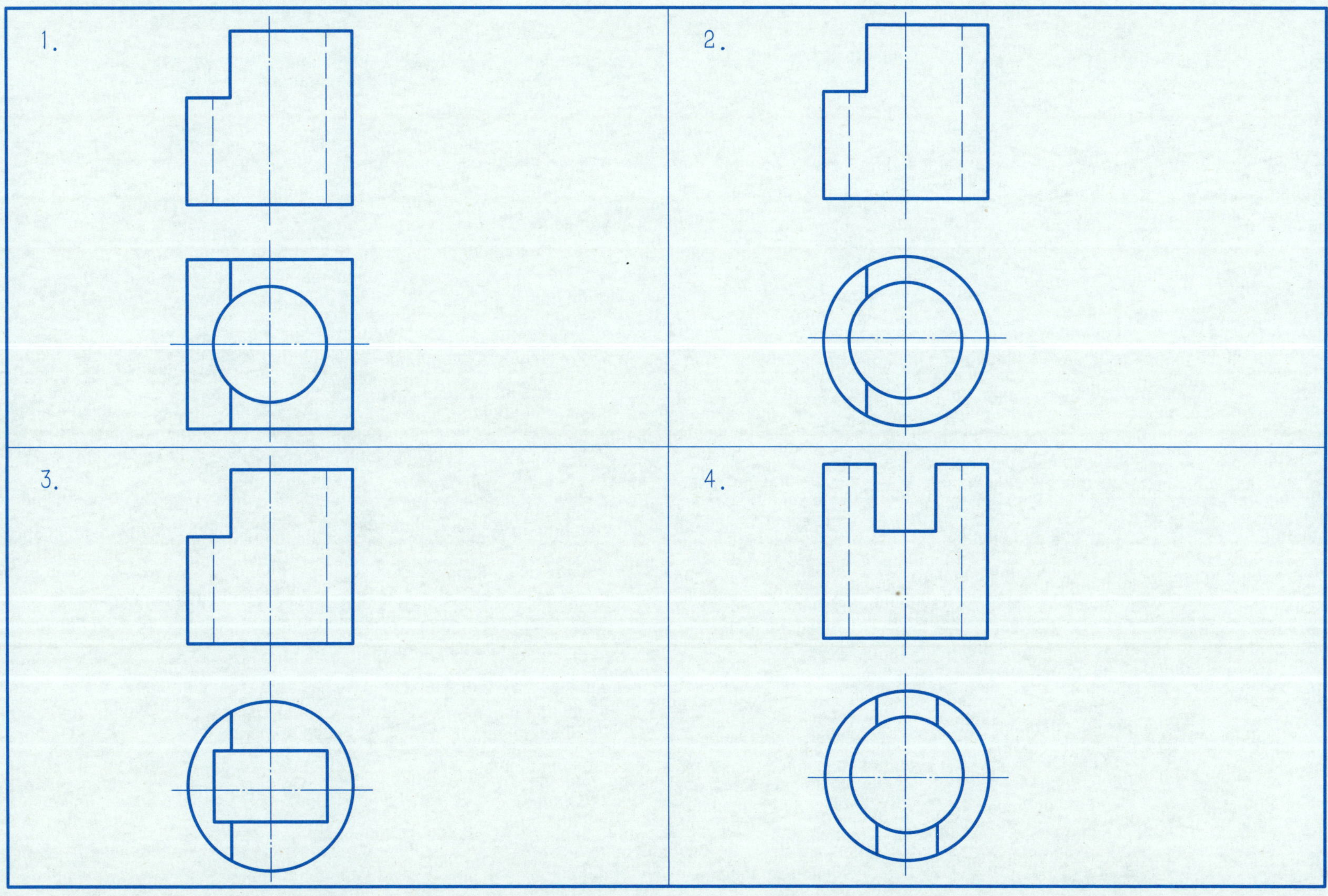

班级 姓名 学号

1-4-3 由曲面体的二视图补画第三视图

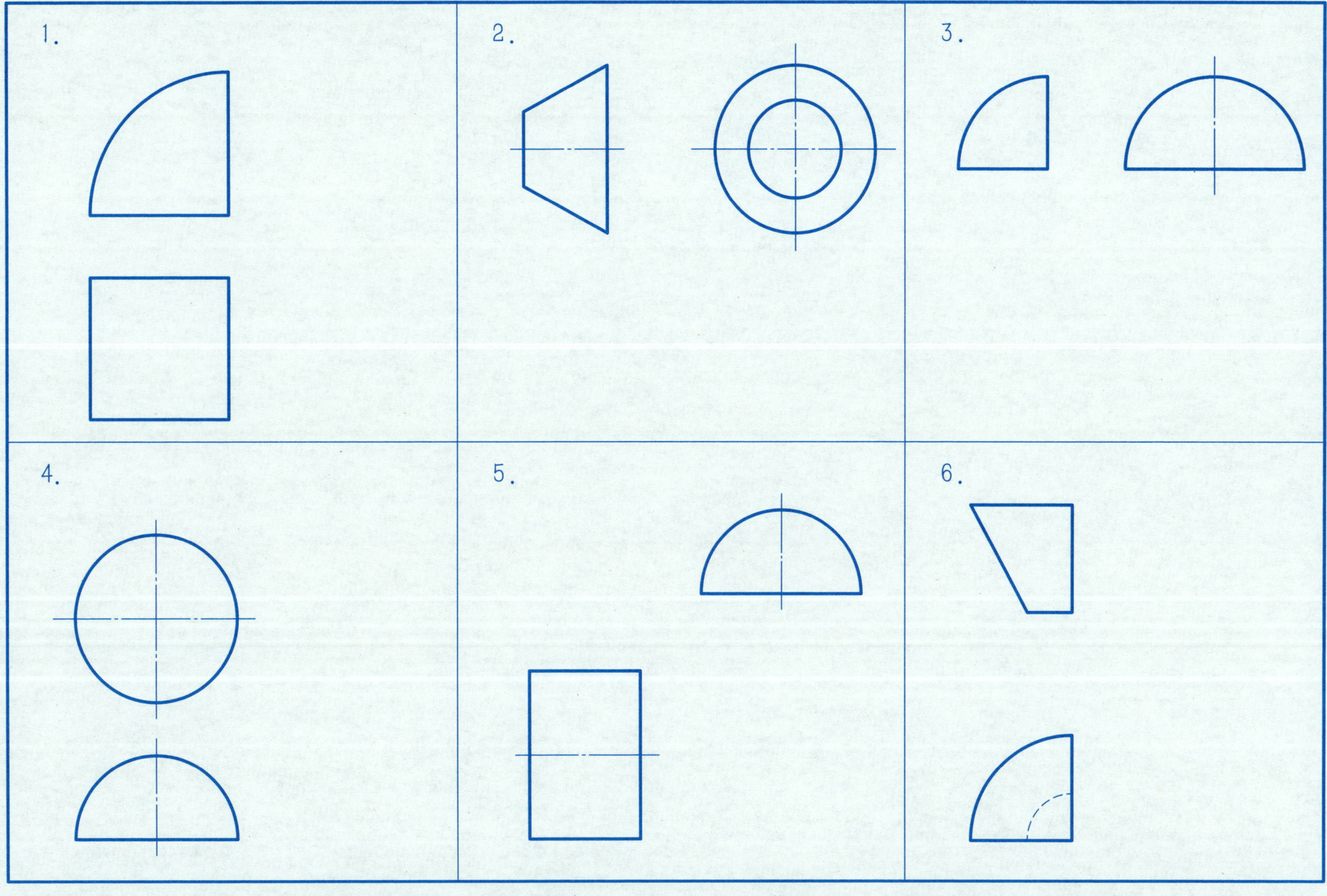

班级　　　　姓名　　　　学号

1-4-4 补全三视图，并画出表面上点的另二面投影

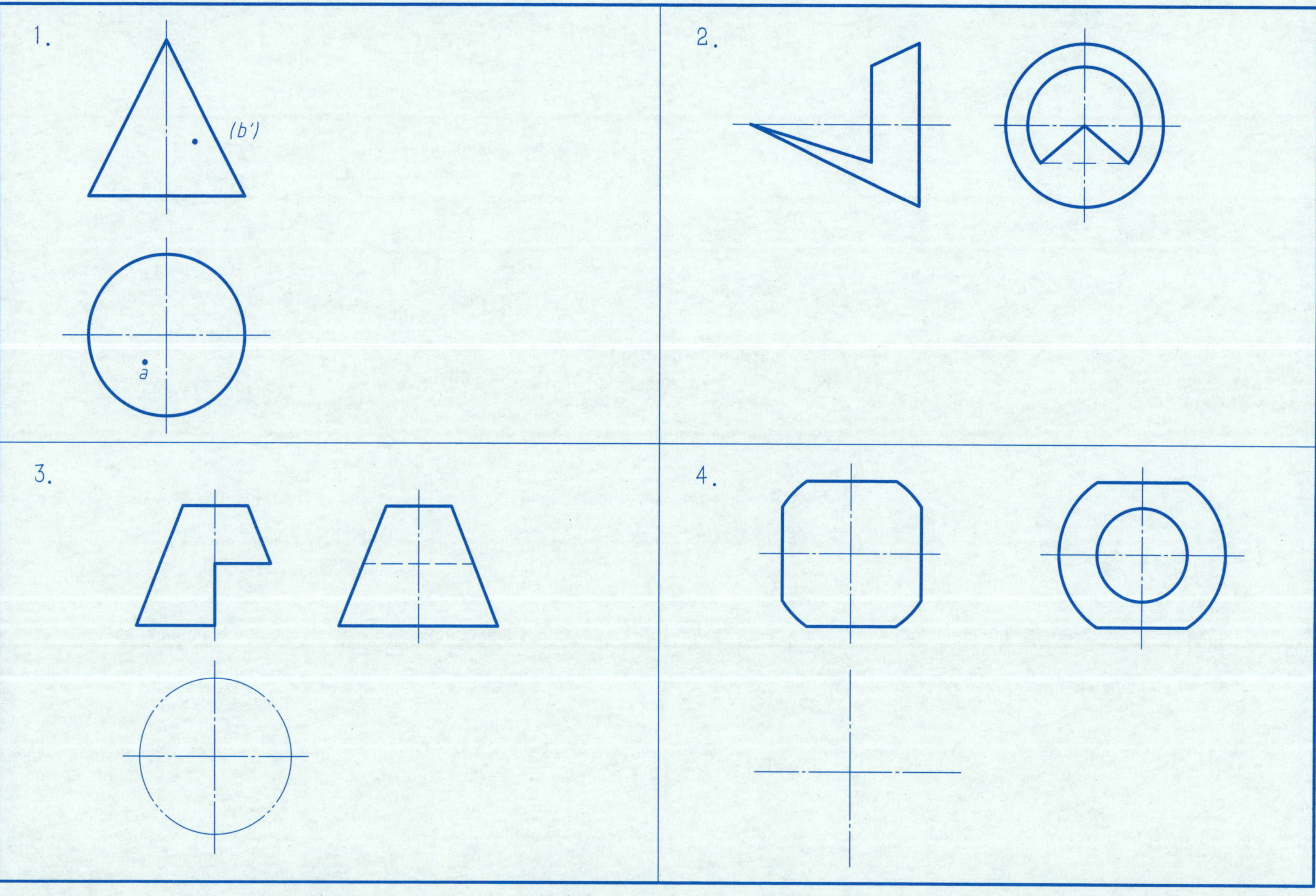

班级　　姓名　　学号

1-4-5 标注下列形体的尺寸

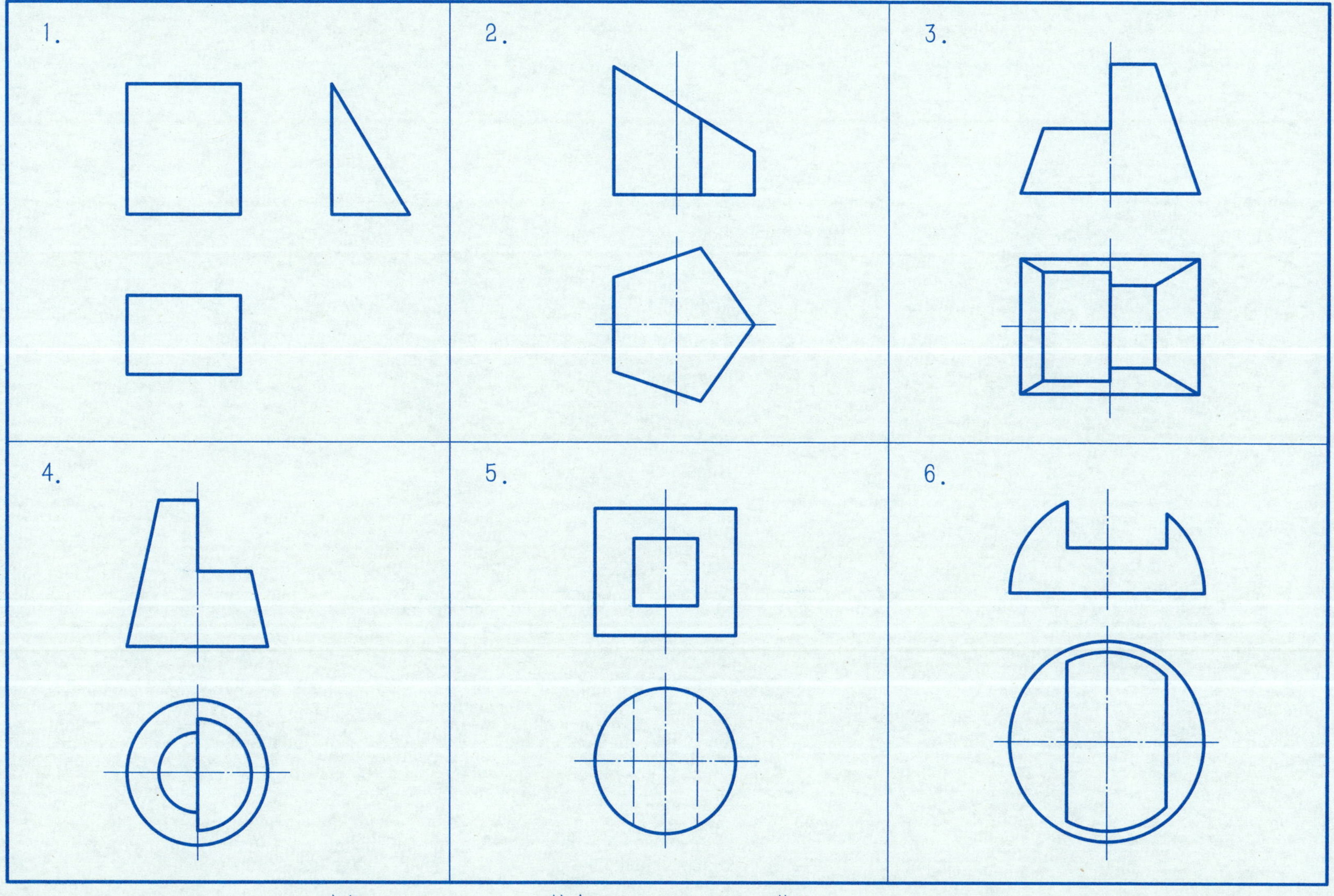

班级　　　　姓名　　　　学号

1-4-6 补全三视图

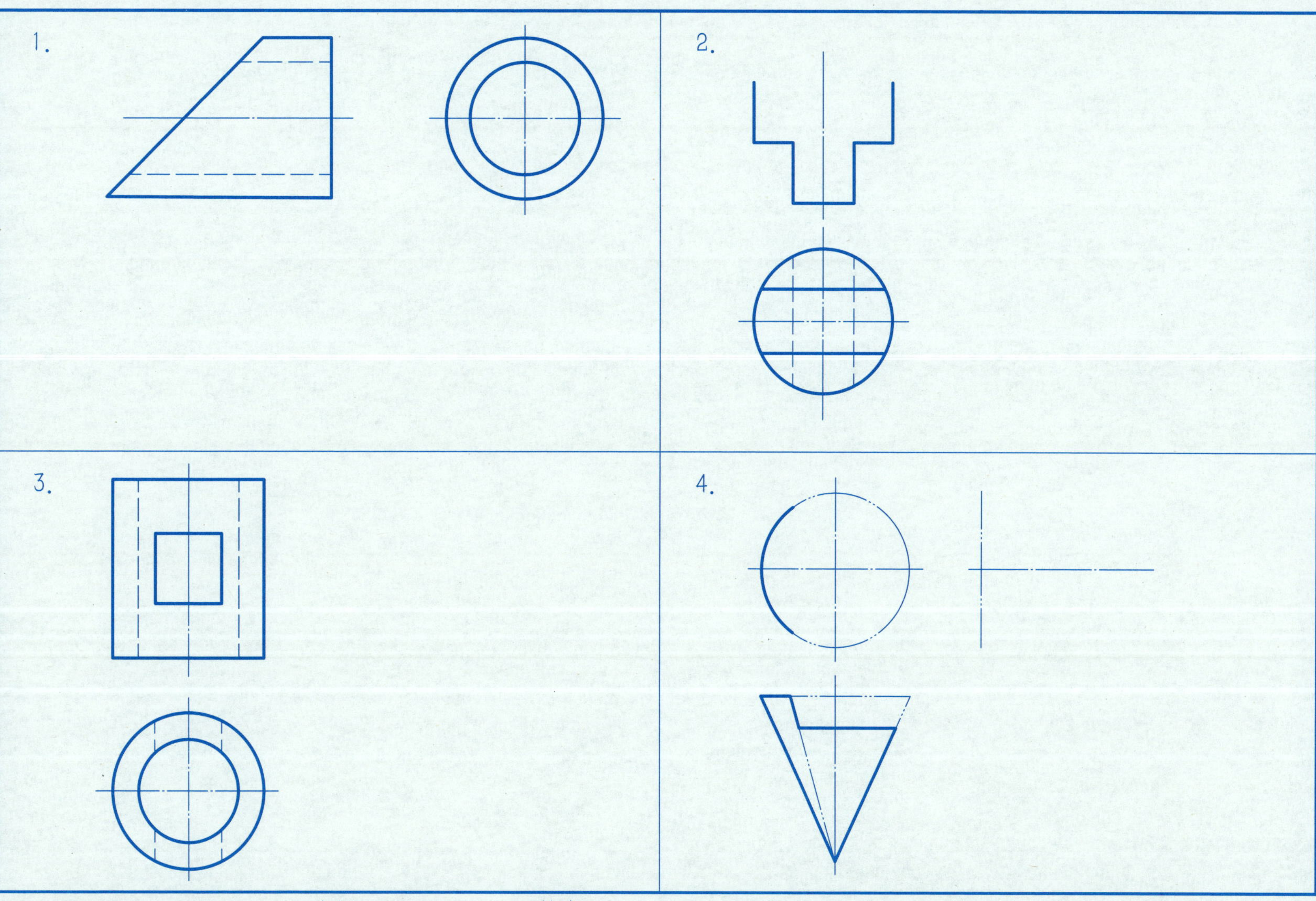

班级 姓名 学号

1-4-7　补全三视图，并画出立体表面上点的另二面投影

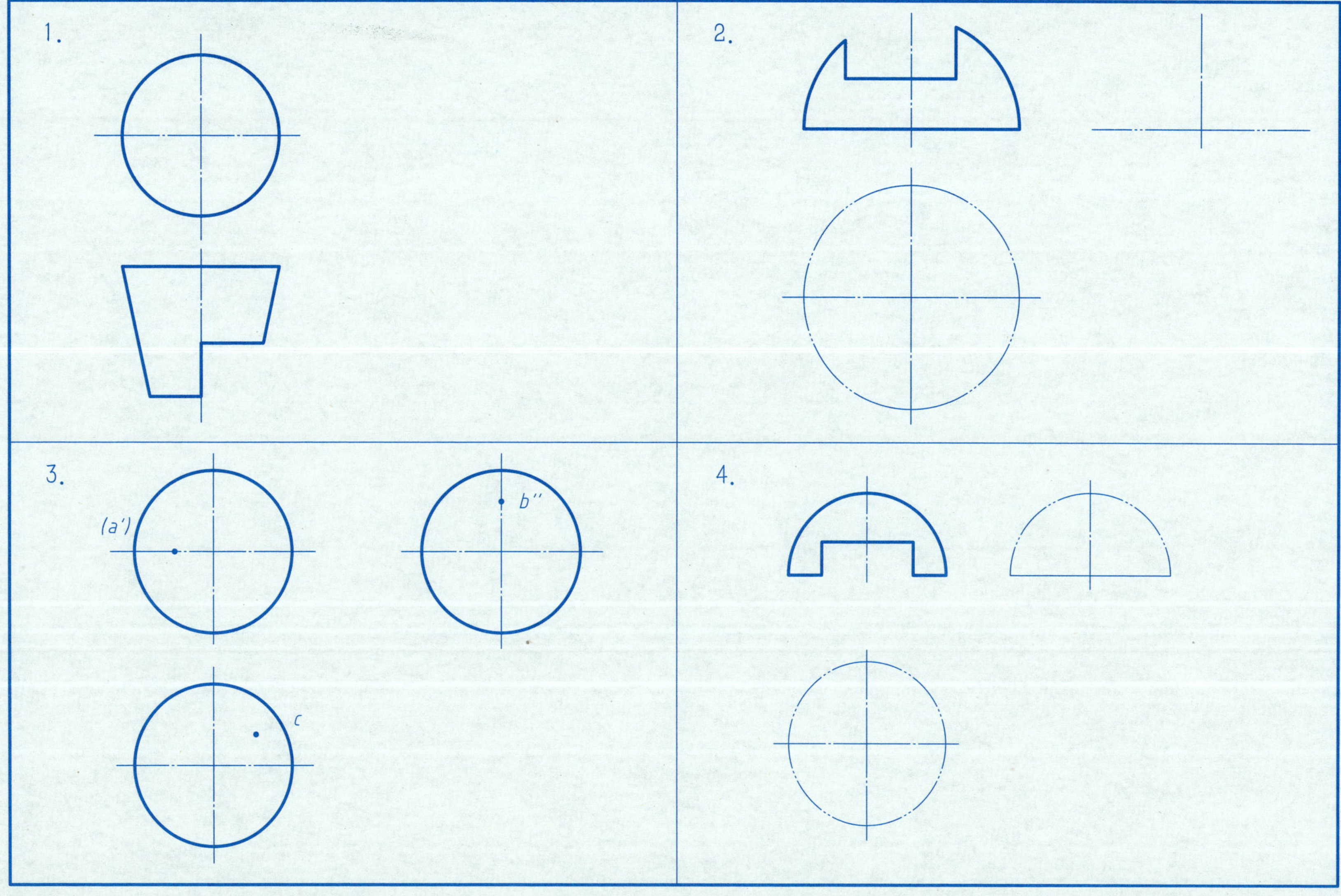

班级　　　　姓名　　　　学号

基础篇 1-5-1 分析下面两组图形，补画视图中的漏线

班级　　　　姓名　　　　学号

1-5-2 根据轴测图，补全三视图(一)

班级　　　　姓名　　　　学号

1-5-3 根据轴测图，补全三视图(二)

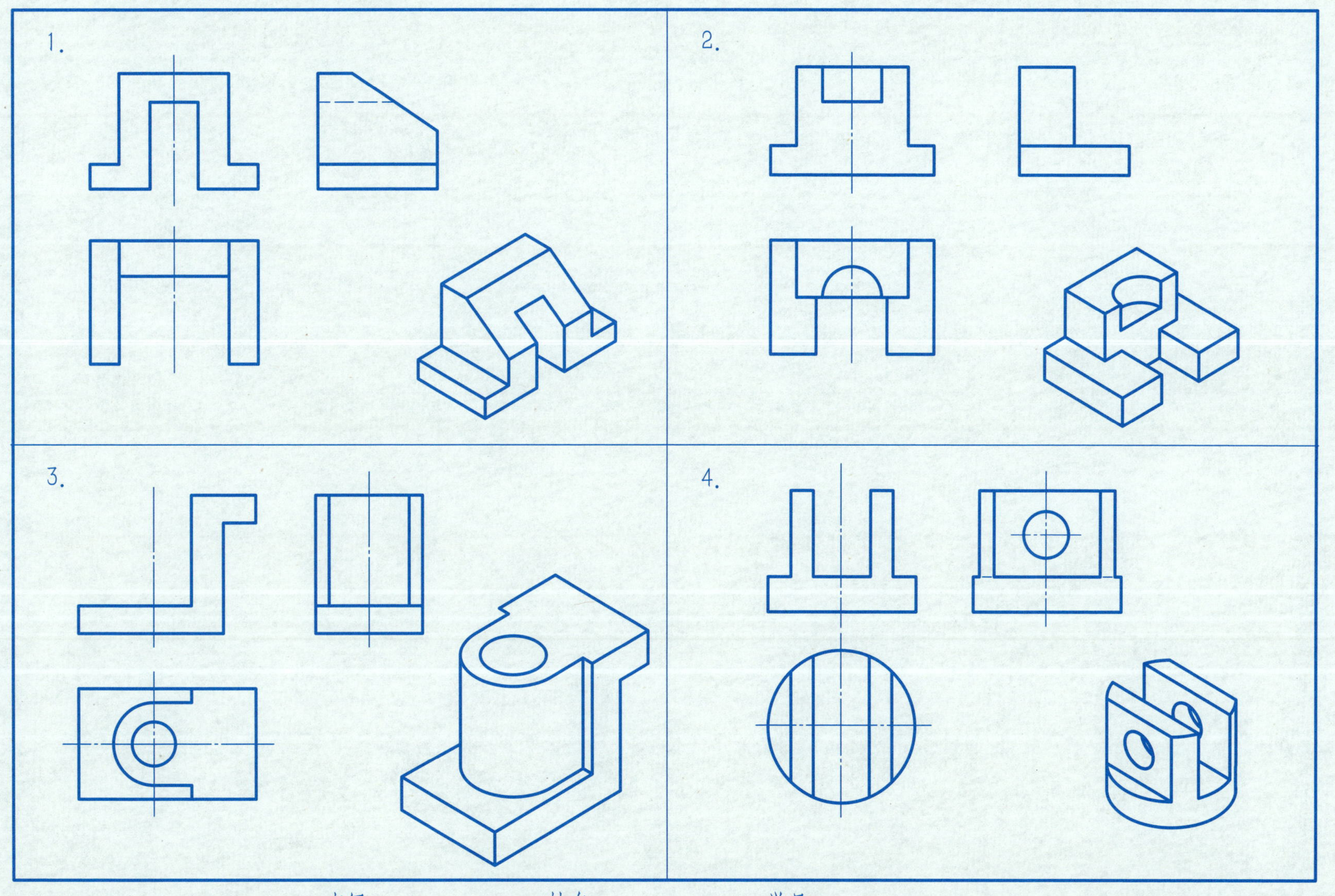

班级　　　　　　姓名　　　　　　学号

1-5-4 补画三视图中所漏的图线(一)

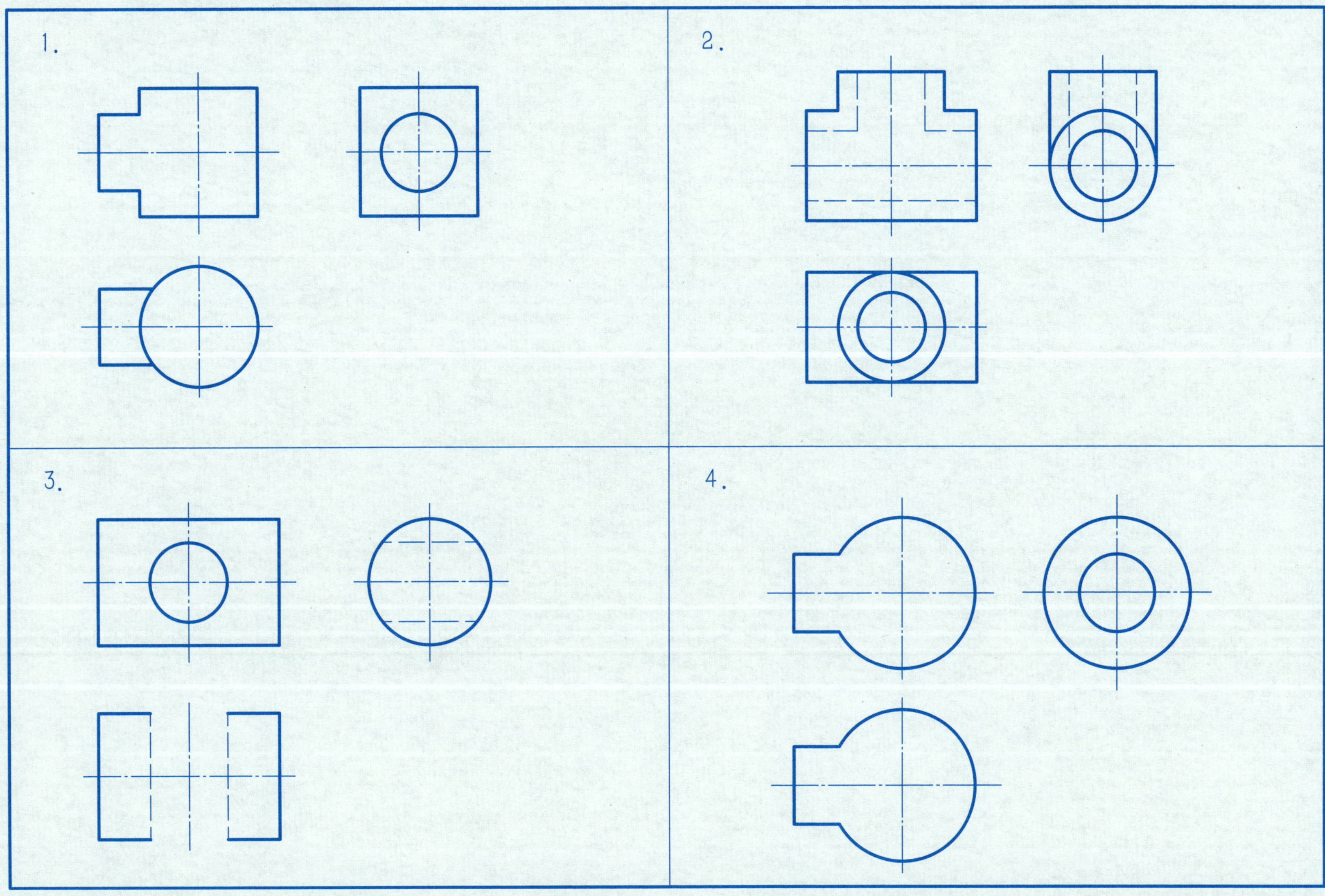

班级 姓名 学号

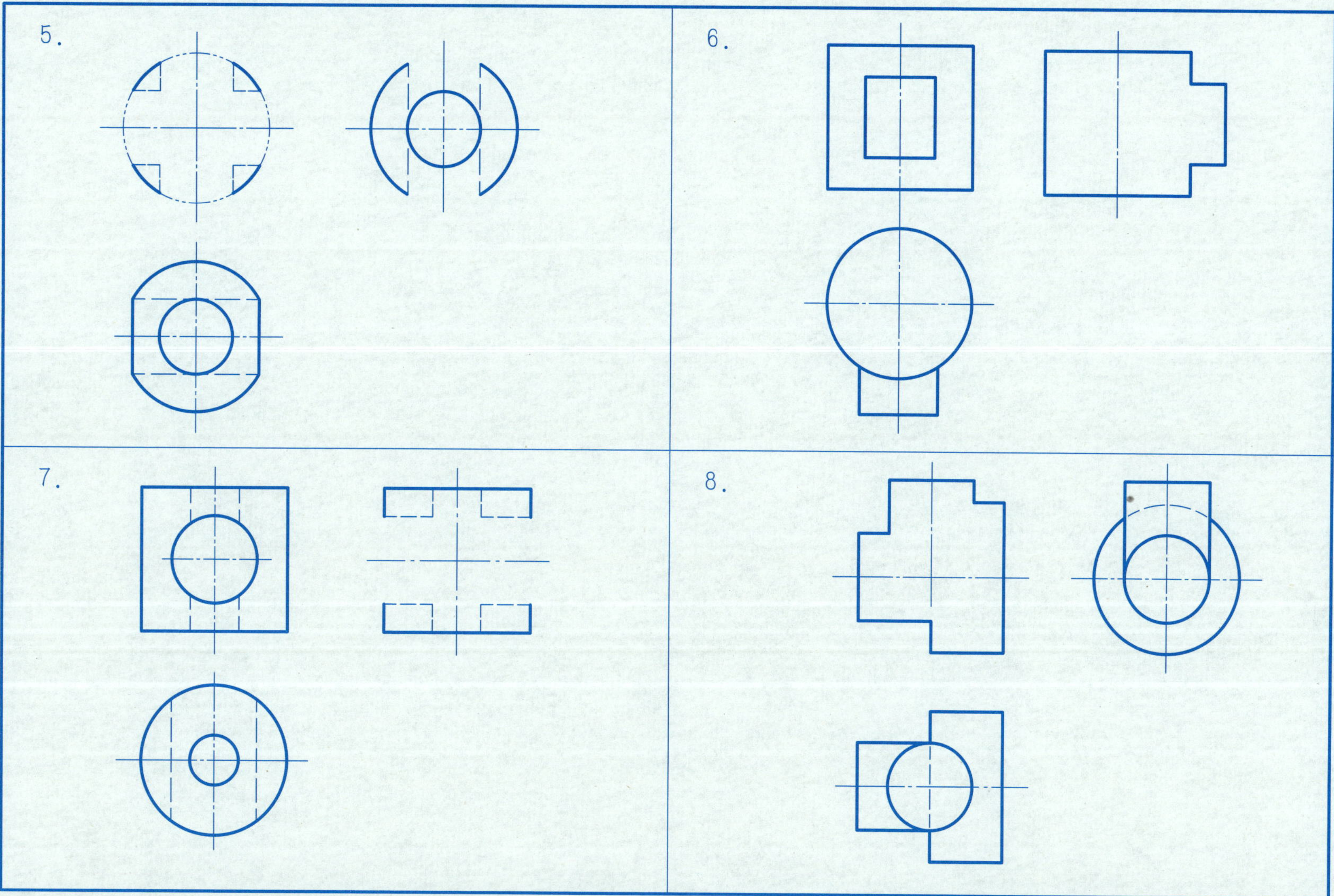

班级 姓名 学号

1-5-6 补画三视图中所漏的图线(三)

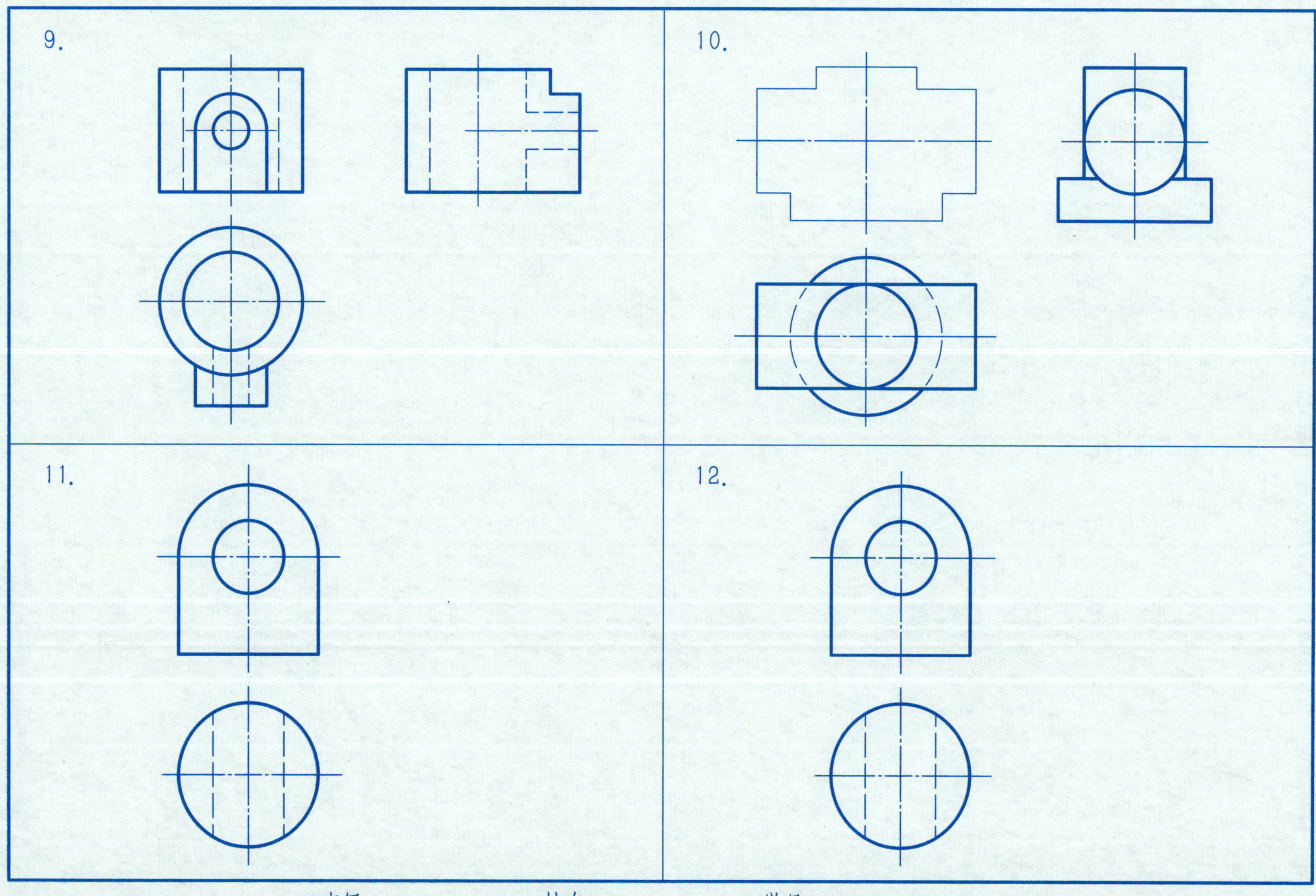

班级 姓名 学号

1-5-7 补画三视图中所漏的图线(四)

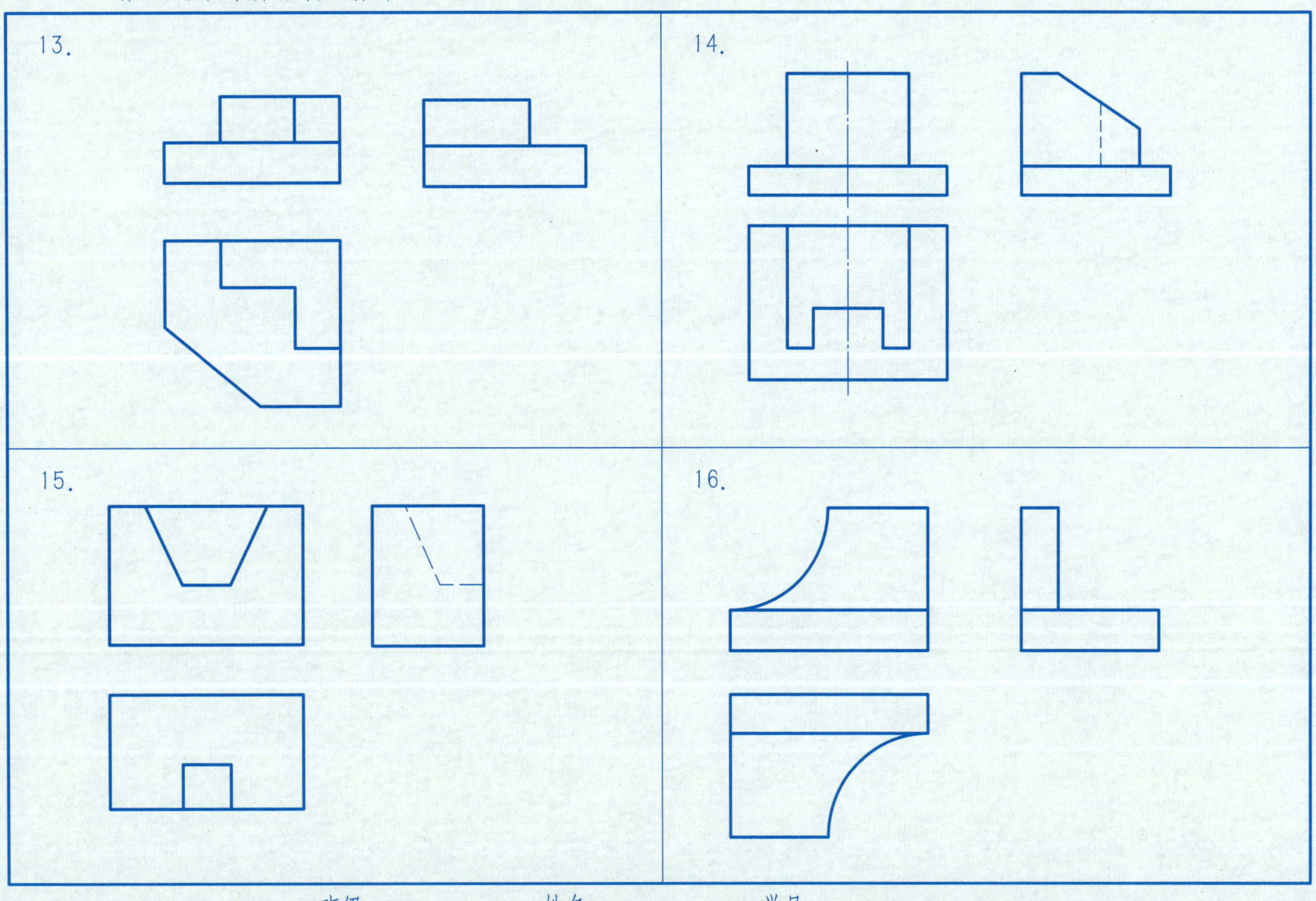

班级 姓名 学号

1-5-8 补画三视图中所漏的图线(五)

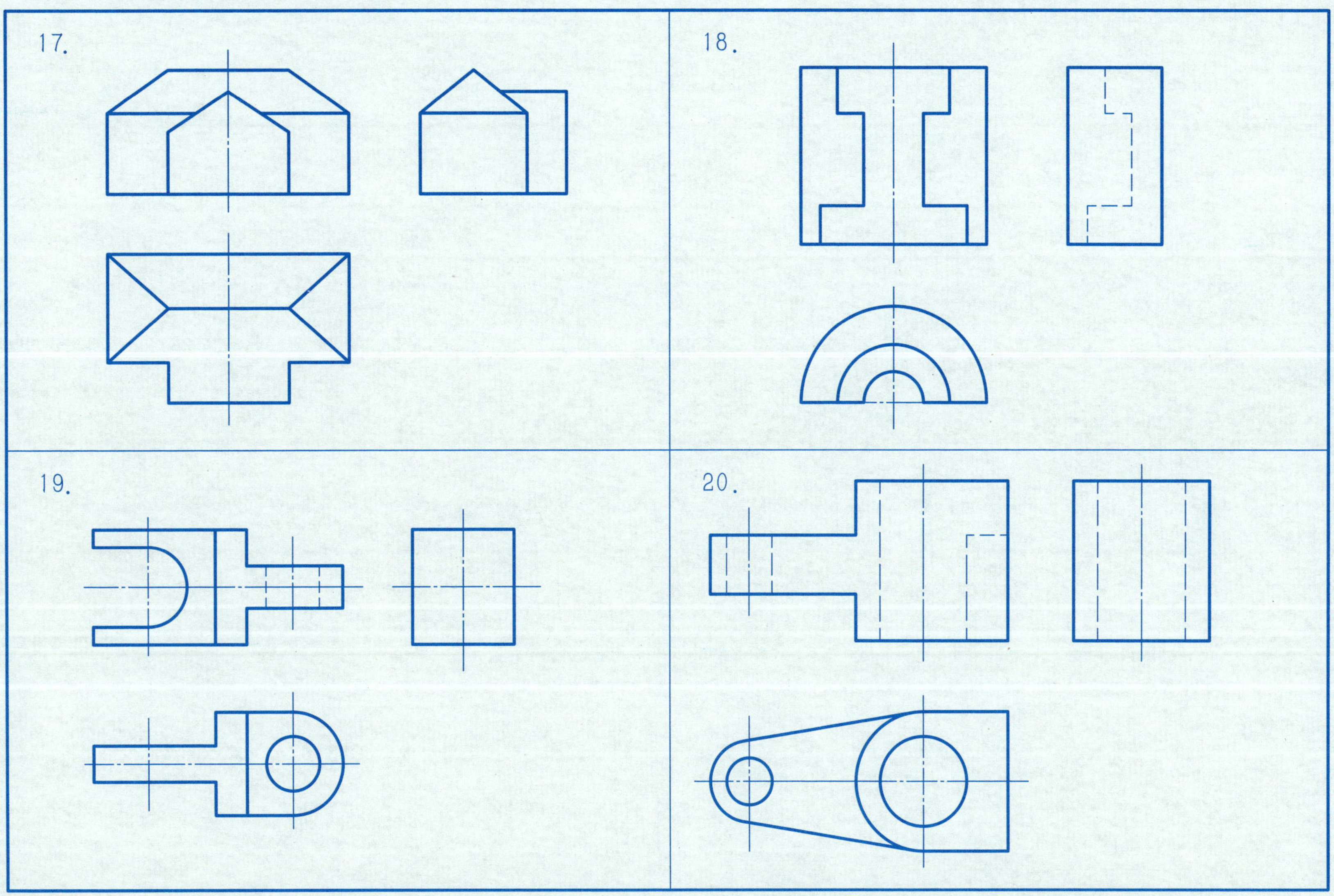

班级 姓名 学号

1-5-9 补画三视图中所漏的图线(六)

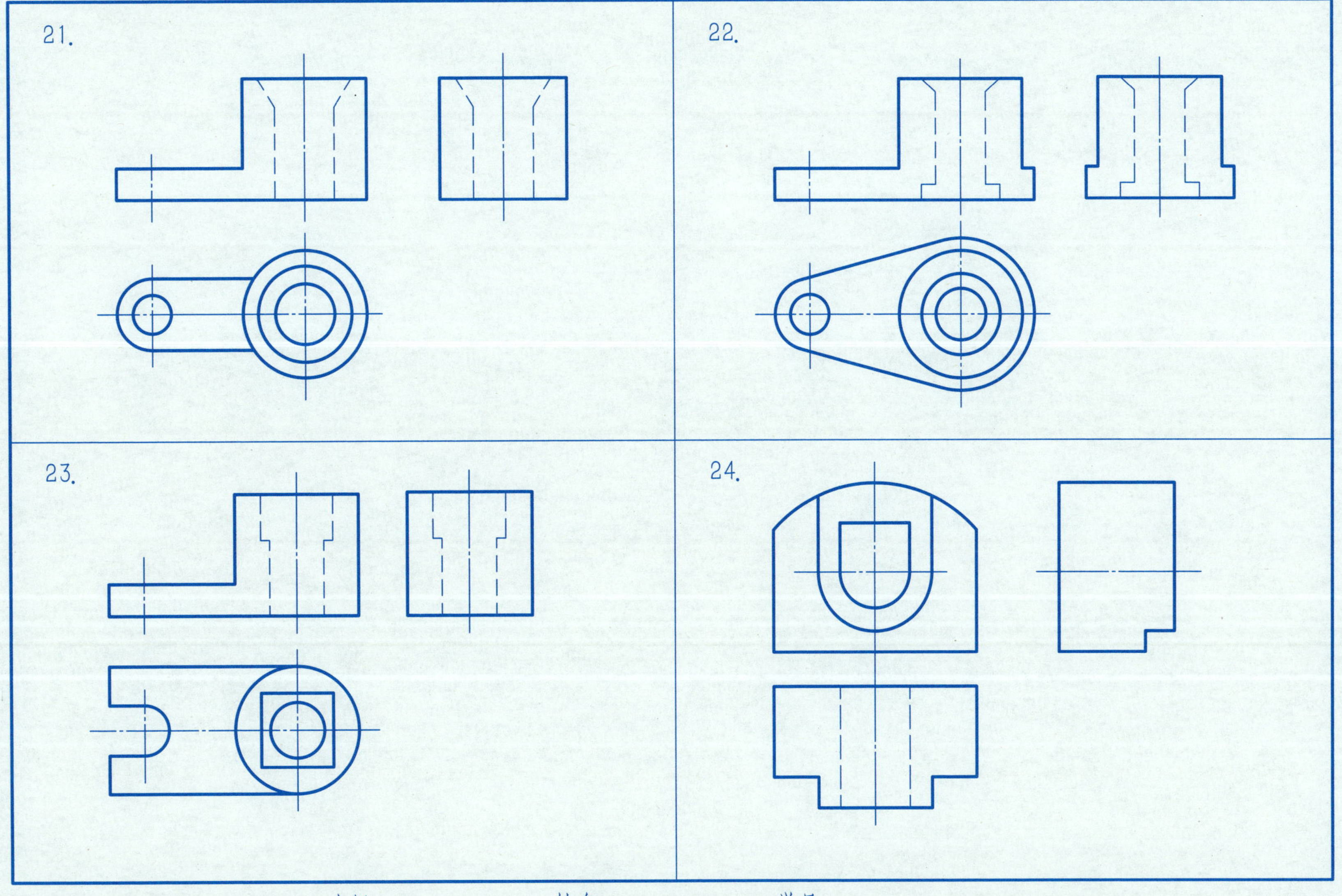

班级 姓名 学号

1-5-10 补画三视图中所漏的图线(七)

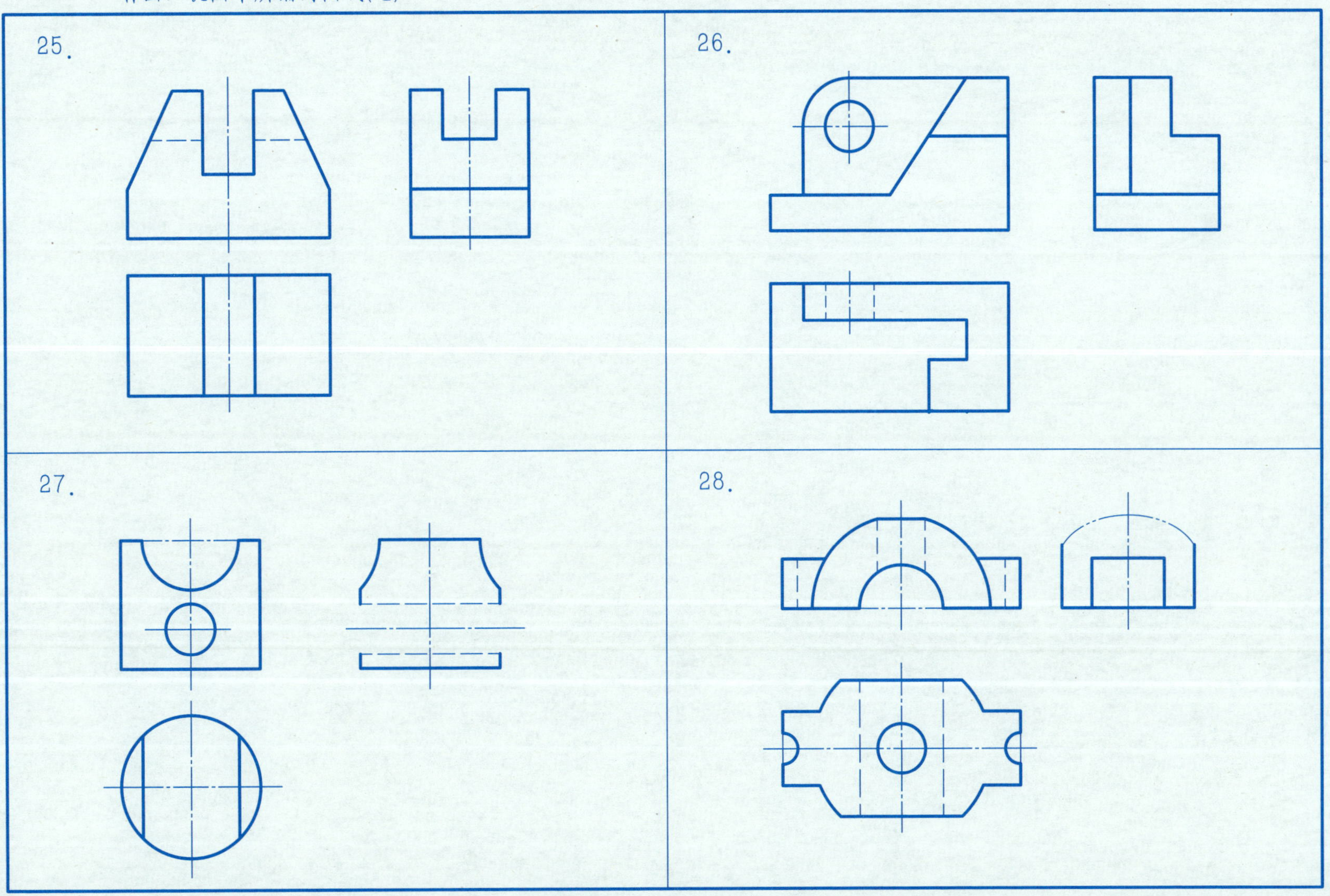

班级　　　　姓名　　　　学号

1-5-11 不论基本几何体大小，数量可不限，组合成组合体的构形，分析组合形式

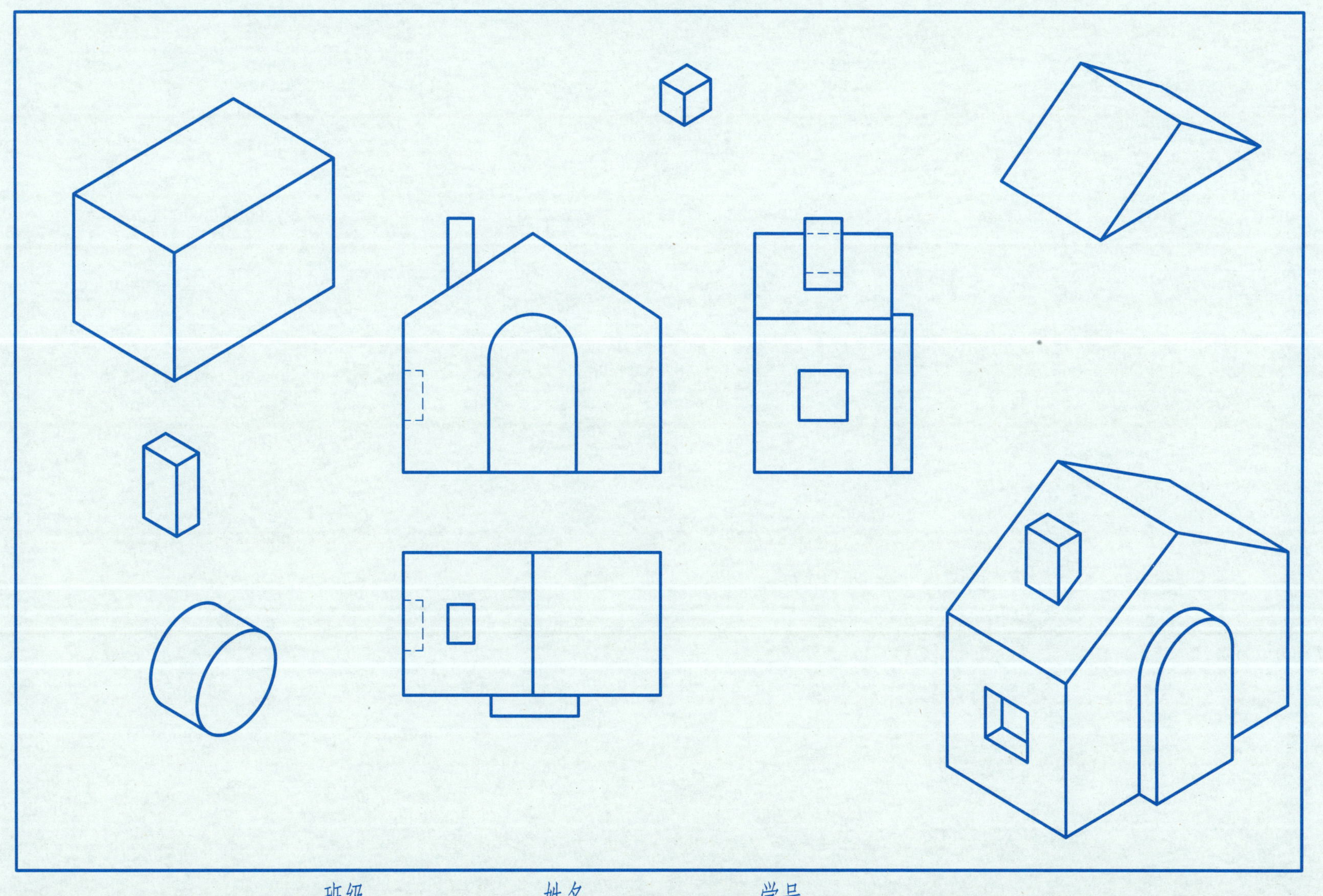

班级　　　　姓名　　　　学号

1-5-12 组合体的组合形式分析比较

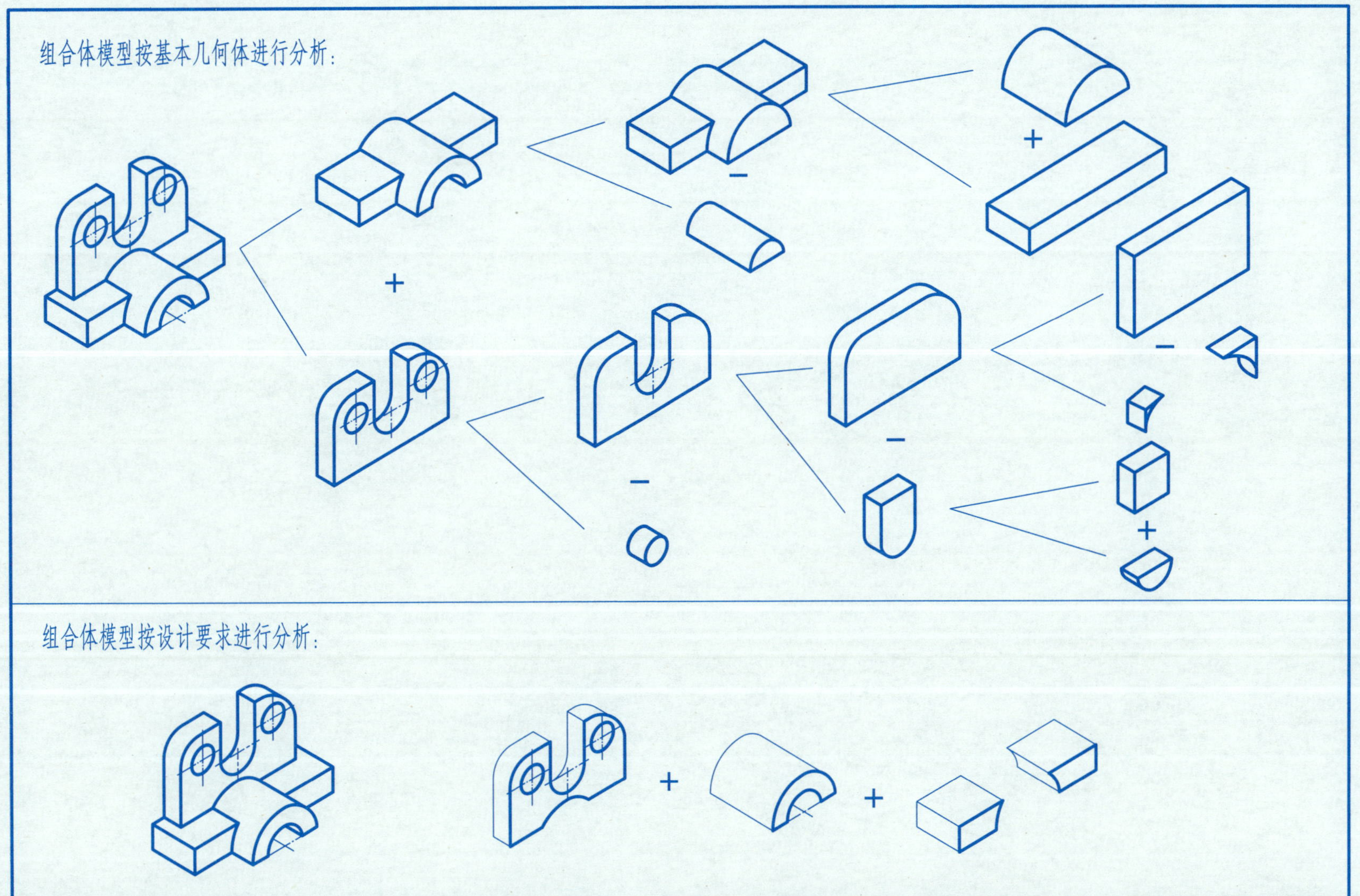

班级 姓名 学号

1-5-13 根据轴测图徒手绘制三视图

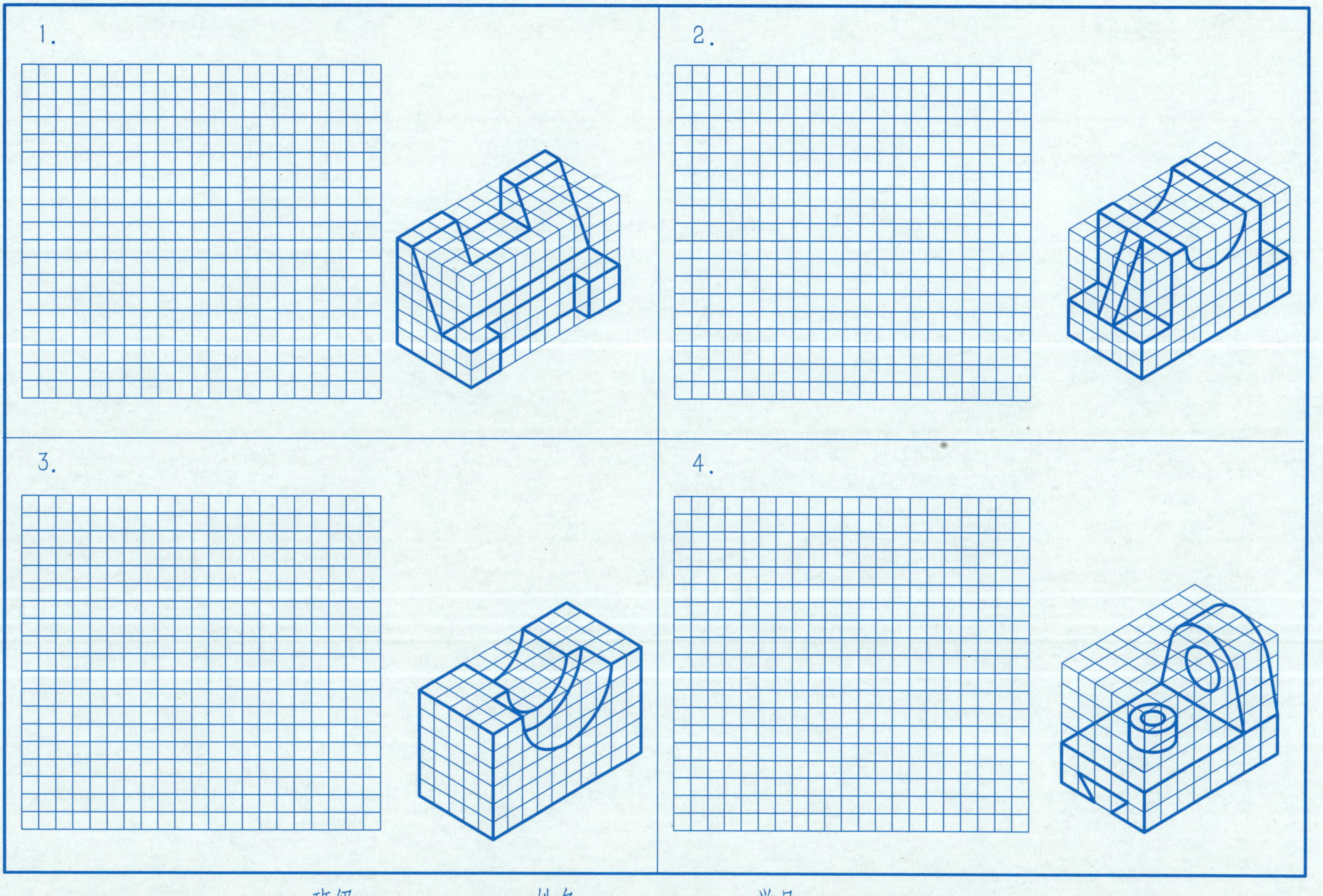

班级 姓名 学号

1-5-14 根据组合体的轴测图画出三视图，并标注尺寸

作业指导

一、作图目的

掌握组合体三视图的画法和尺寸标注方法，提高利用尺规作图的技能。

二、作图内容与要求

在A4图纸上由轴测图绘制组合体三视图，并标注尺寸，比例自定。

三、注意事项

1. 根据图形大小确定好图形比例并画出基准线。
2. 运用形体分析法进行绘图。
3. 检查图形无误后，描粗。
4. 选定尺寸基准，标注定形尺寸、定位尺寸和总体尺寸。
5. 标注的尺寸要正确、完整和清晰。

四、图例

见右图。

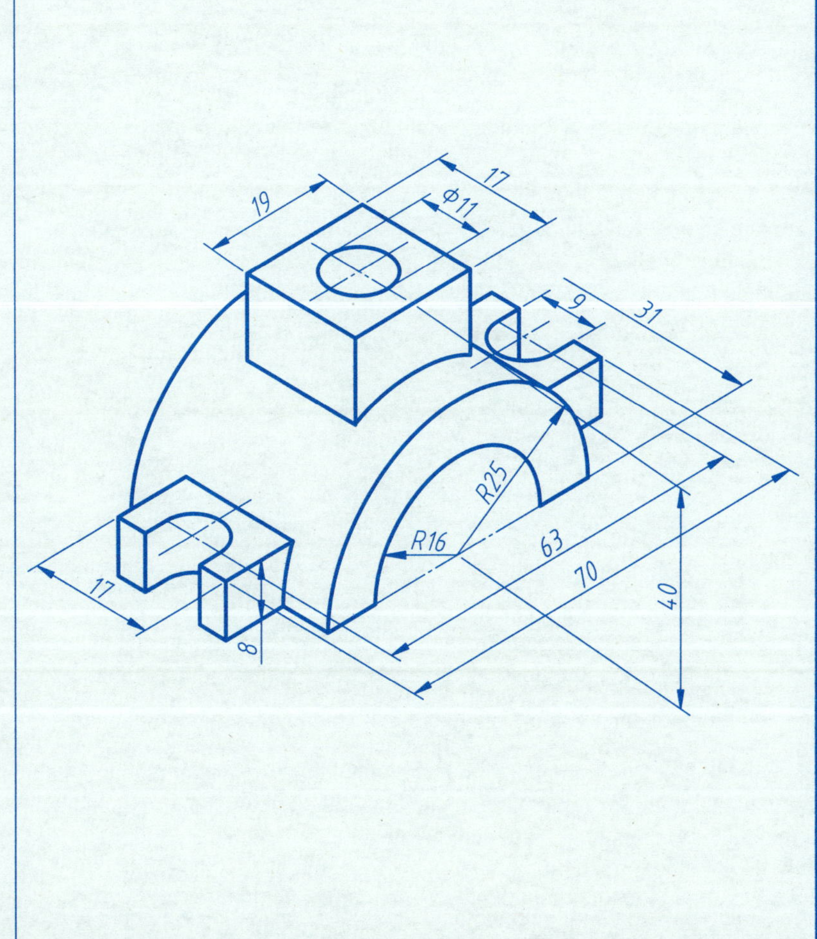

班级　　　　姓名　　　　学号

1-5-15 根据组合体的轴测图画出三视图，并标注尺寸

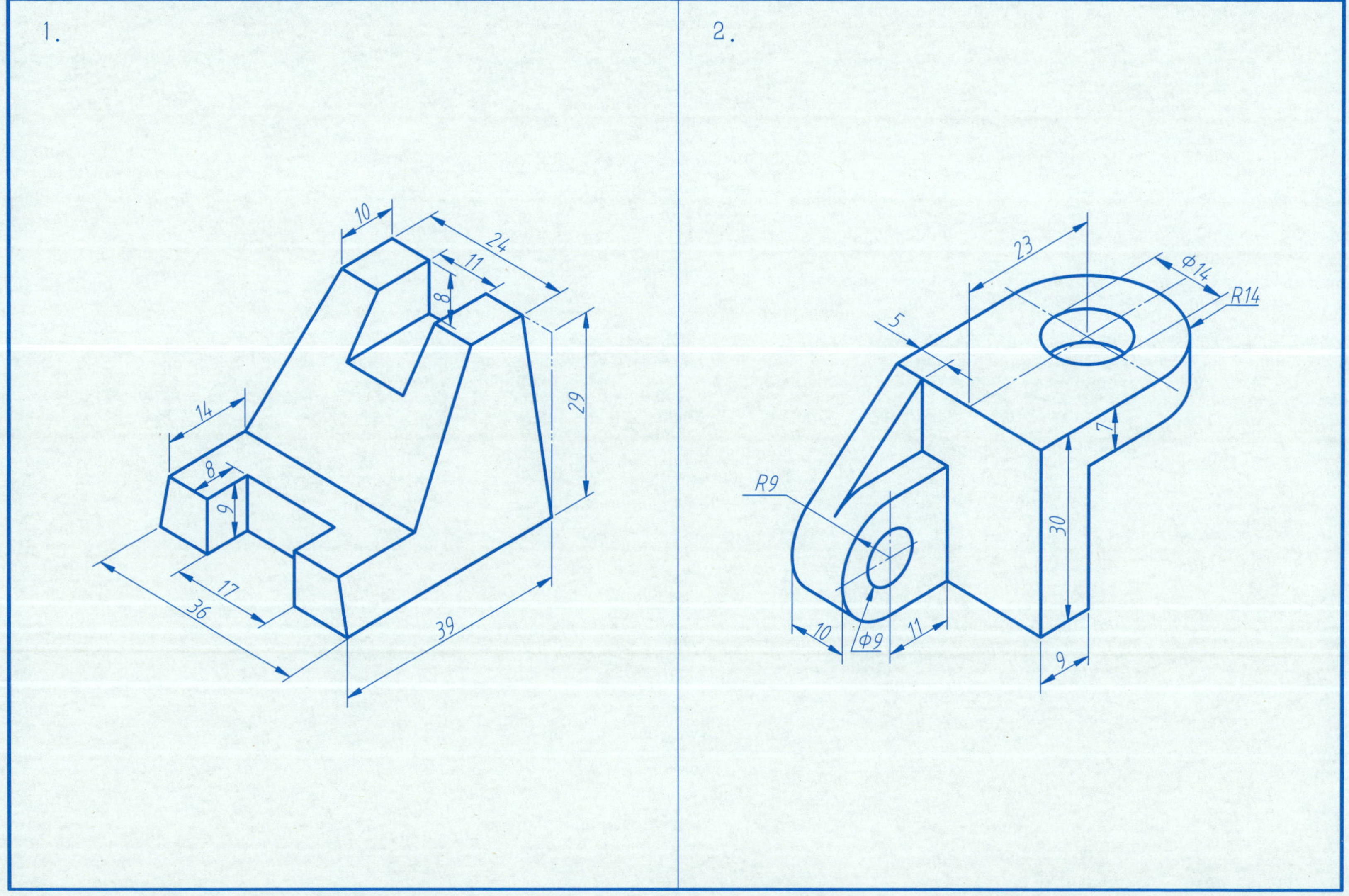

班级　　　　姓名　　　　学号

拓展篇 1-5-16 同学们自行设计，进行组合体的构形

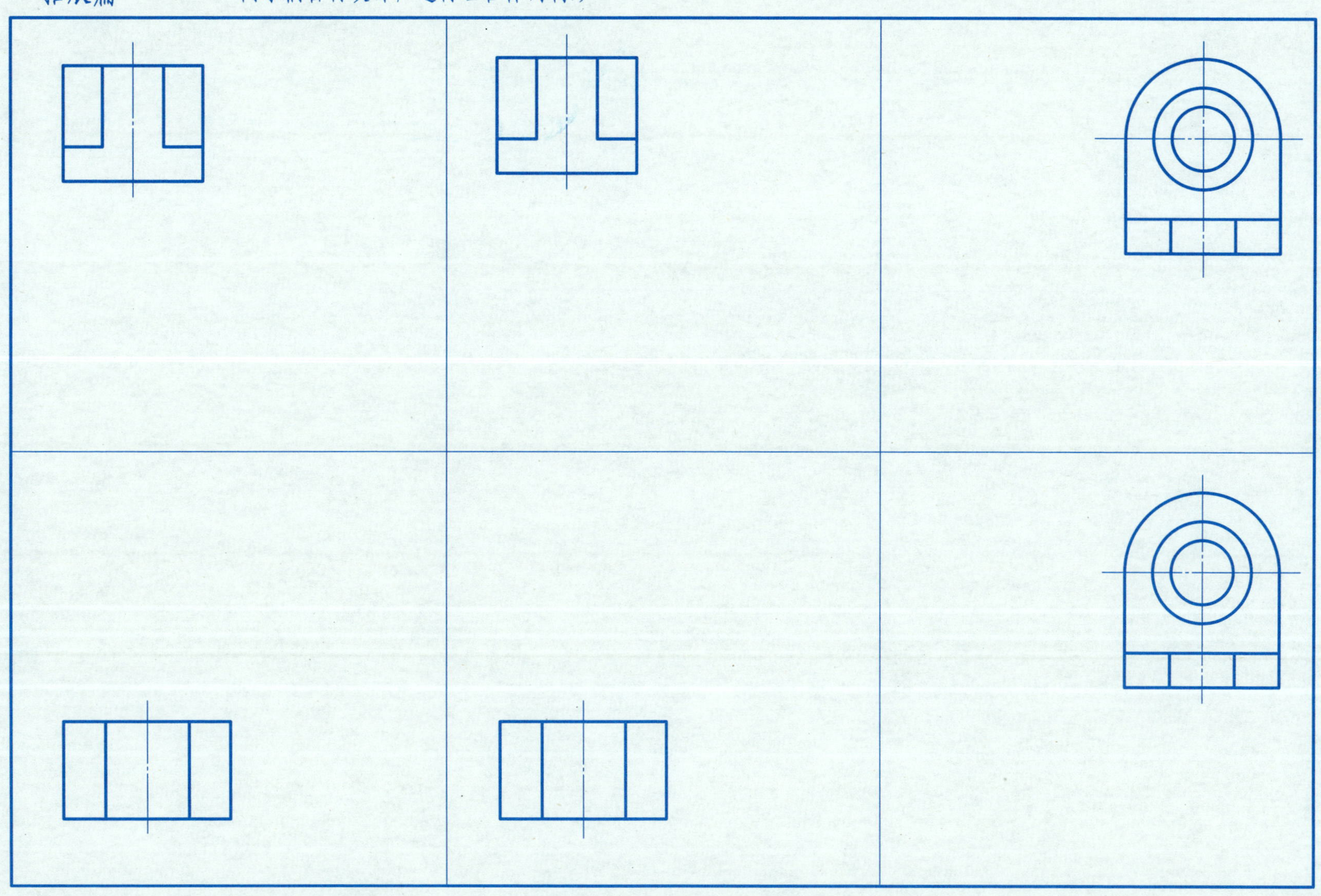

班级　　　　　　　　姓名　　　　　　　　学号

1-5-17 补画三视图的缺线

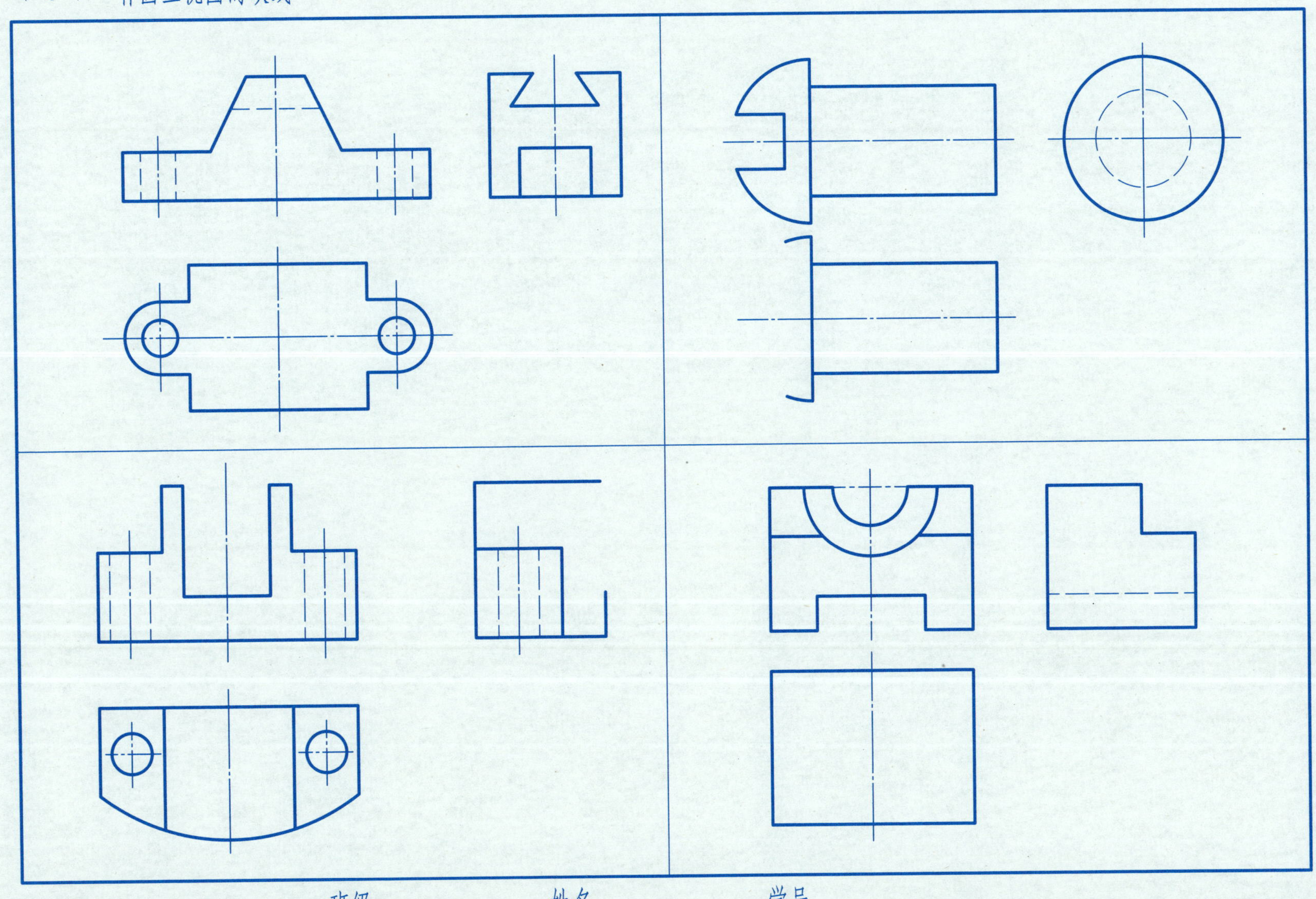

班级 姓名 学号

1-5-18 由组合体轴测图绘制三视图

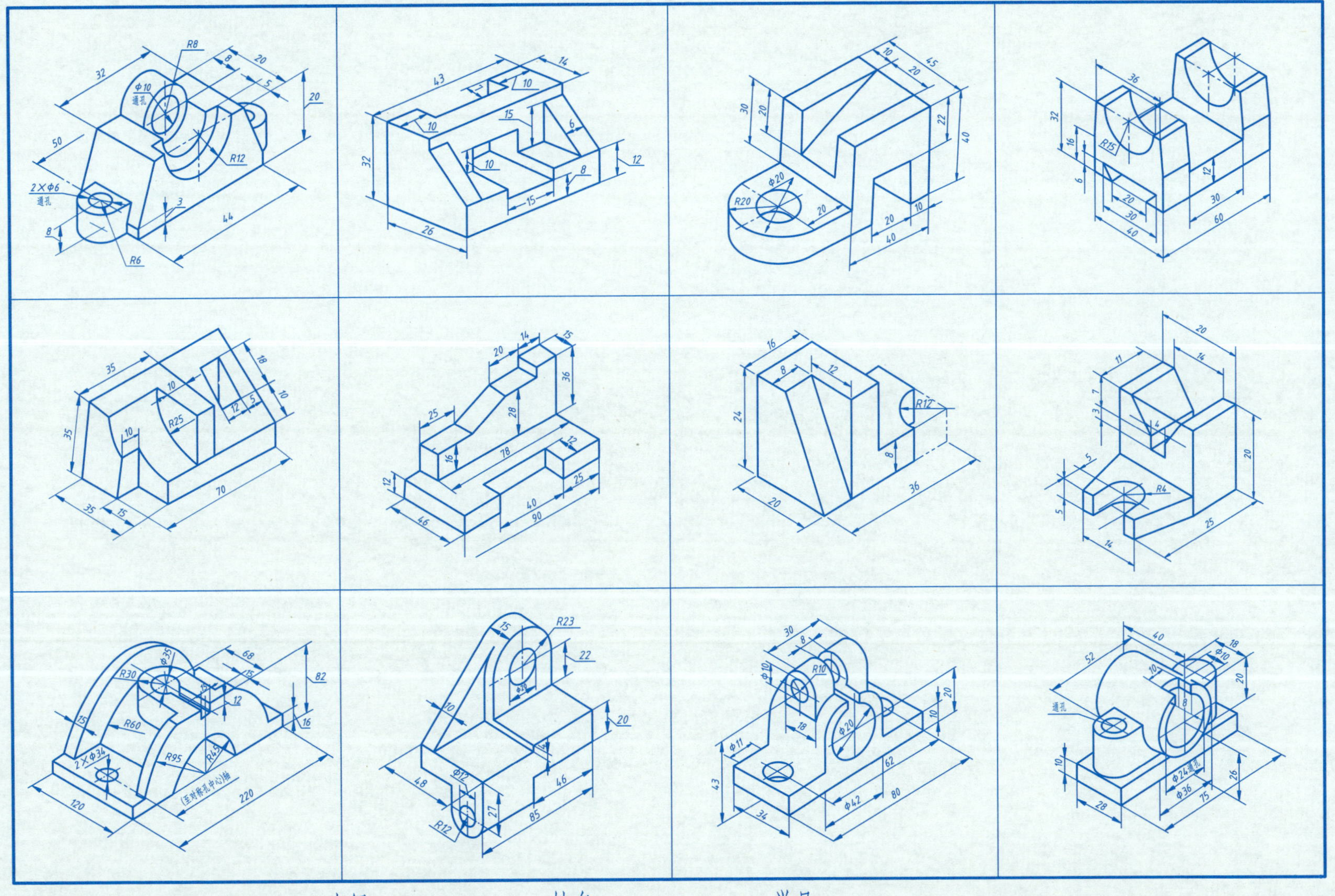

班级　　　　姓名　　　　学号

基础篇 1-6-1 根据二视图，补画第三视图(一)

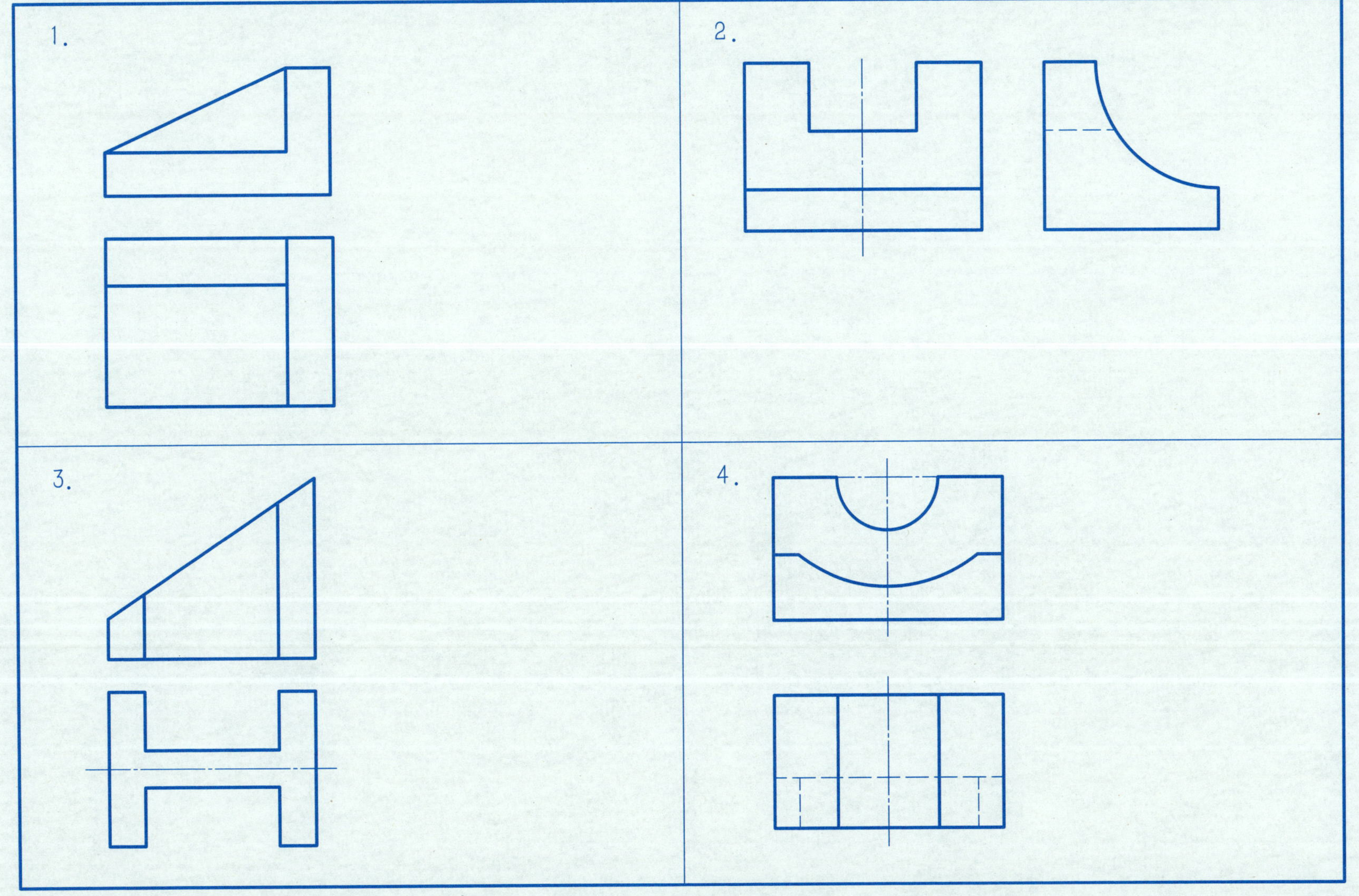

班级　　　　姓名　　　　学号

1-6-2 根据二视图，补画第三视图(二)

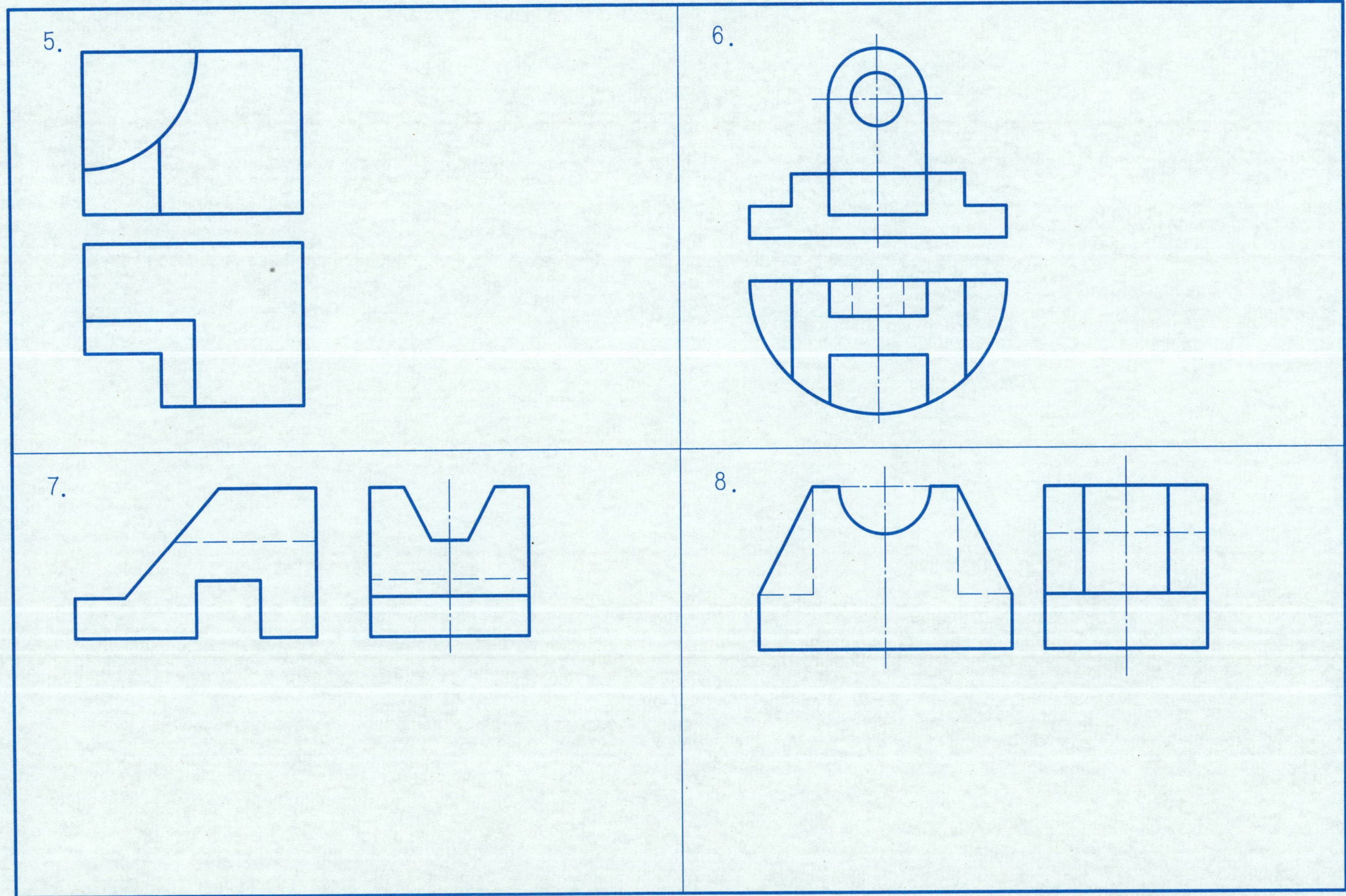

班级　　　　姓名　　　　学号

1-6-3 根据二视图，补画第三视图(三)

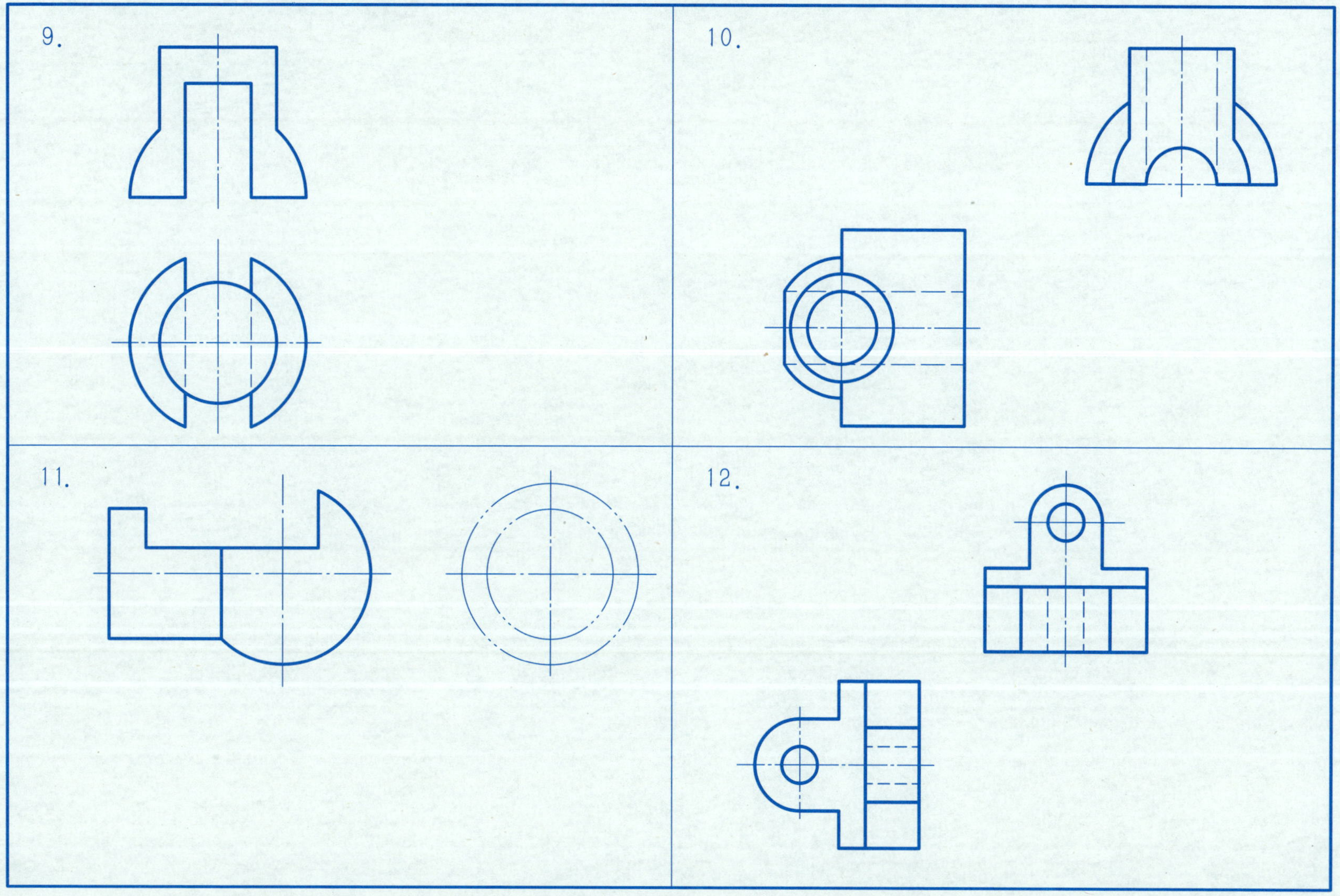

班级 姓名 学号

1-6-4 根据二视图，补画第三视图(四)

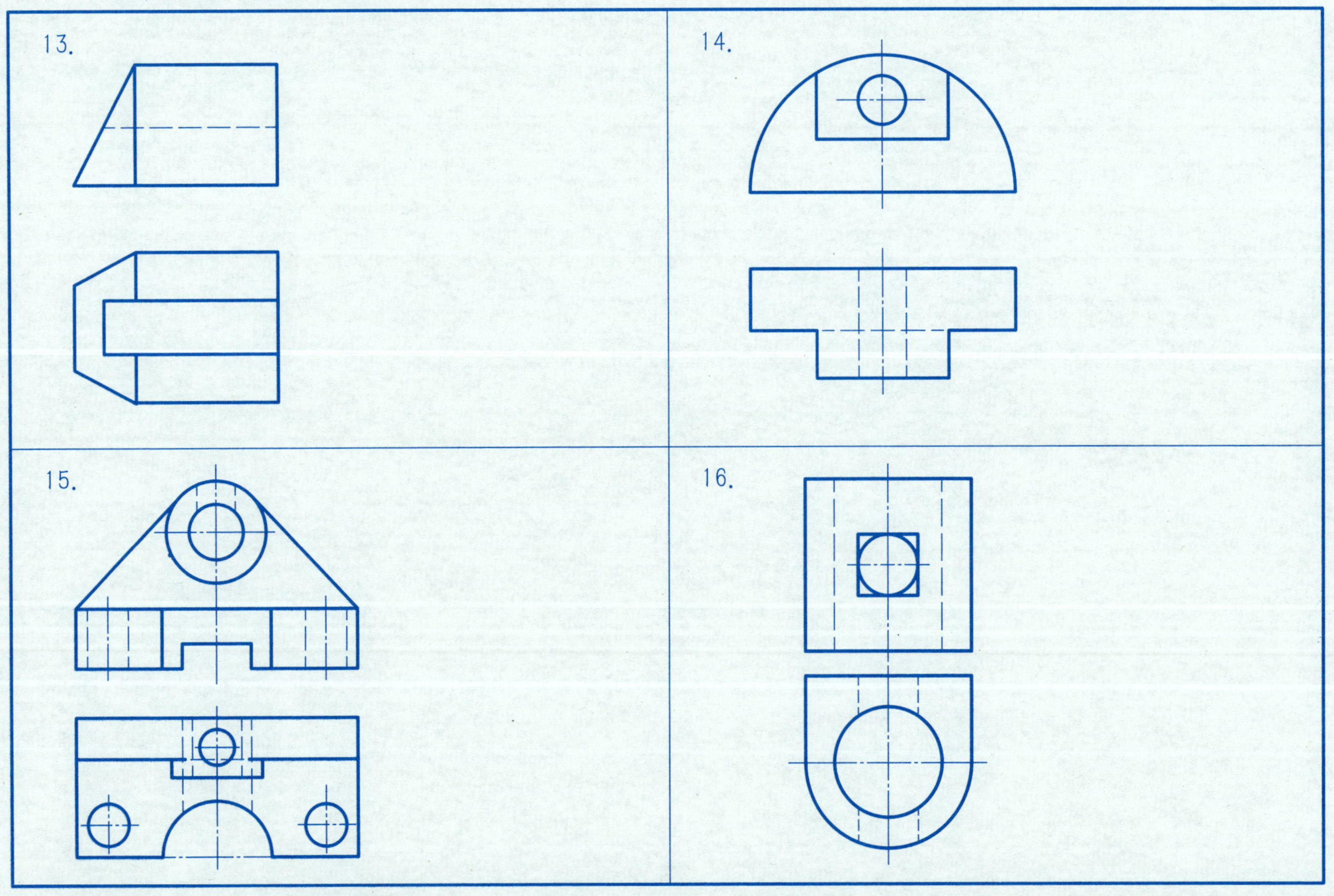

班级　　　　姓名　　　　学号

1-6-5 分析组合体尺寸，并补齐所缺的尺寸

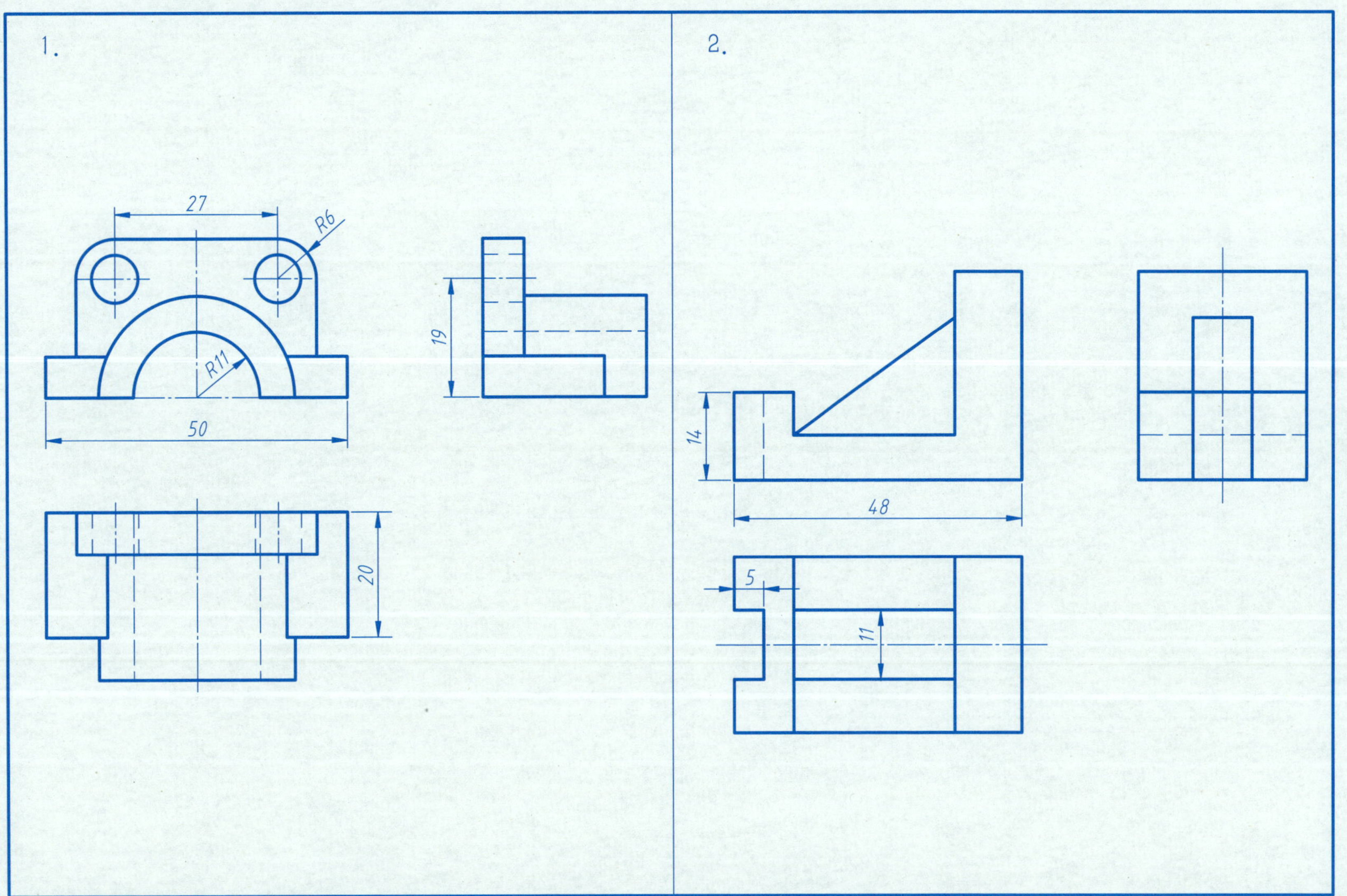

班级　　　　姓名　　　　学号

1-6-6 标注下列组合体的尺寸(尺寸数值按1∶1比例从图中量取整数)(一)

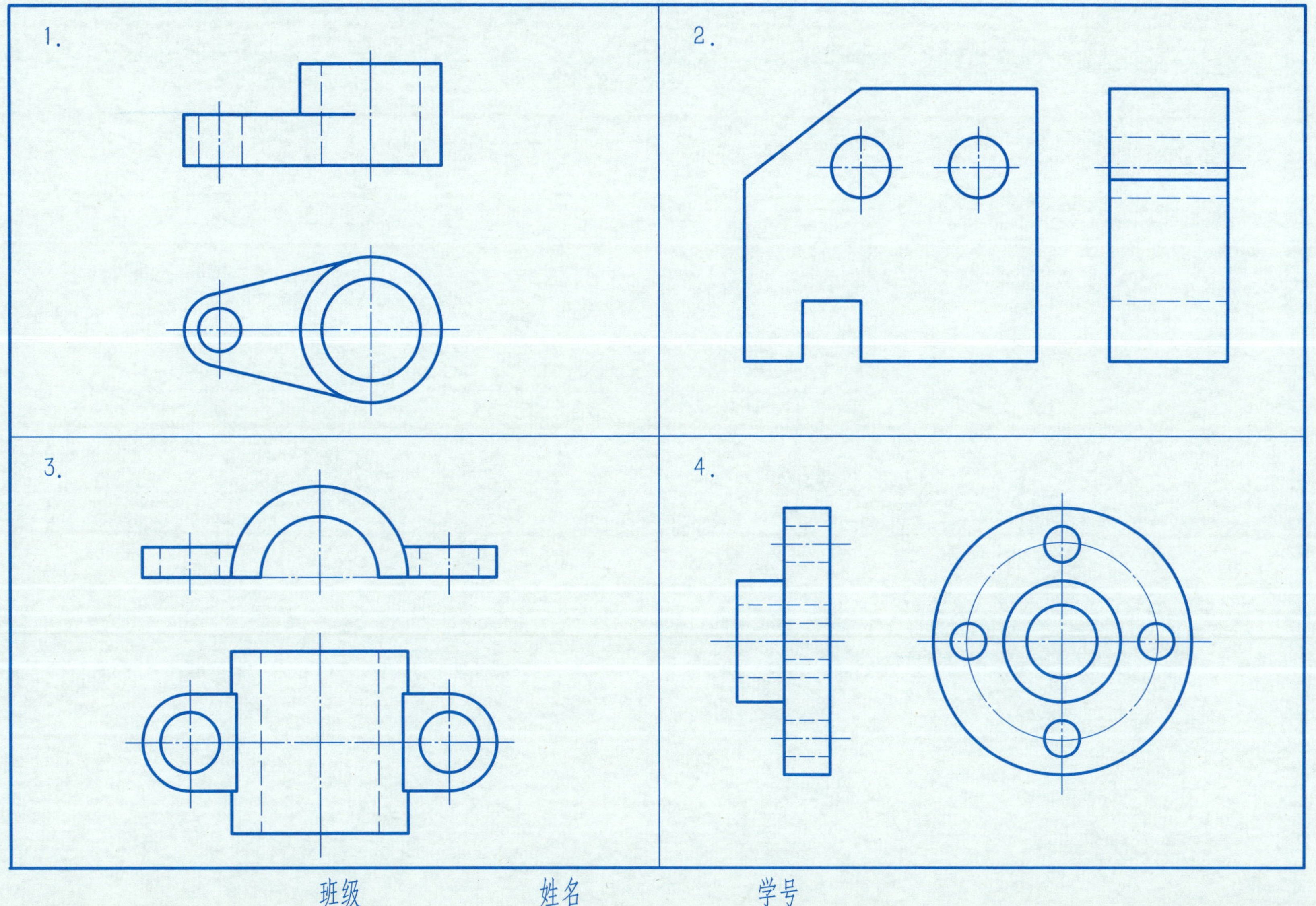

班级 姓名 学号

1-6-7 标注下列组合体的尺寸(二)

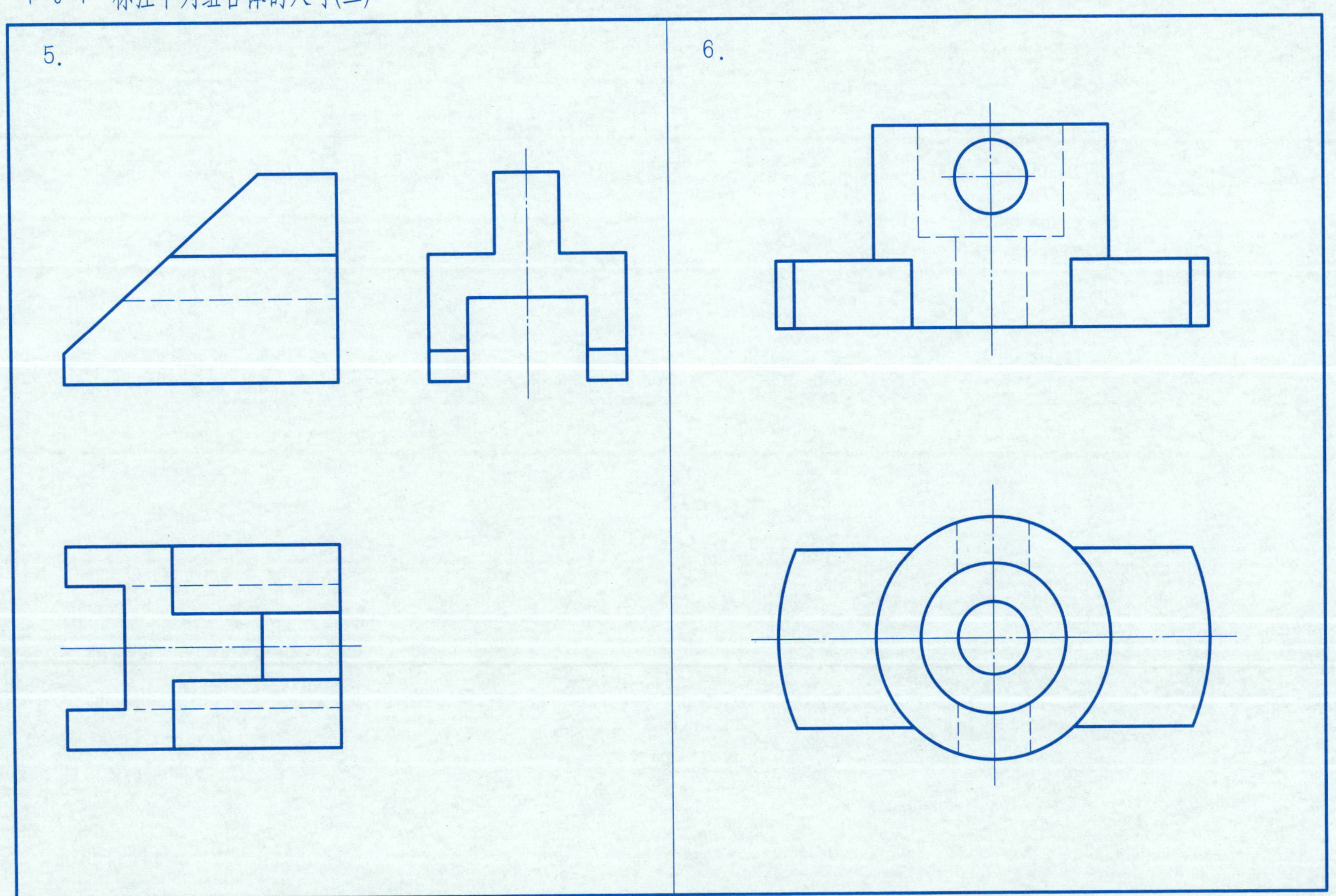

班级 姓名 学号

1-6-8 根据视图画出平面体的正等轴测图(一)

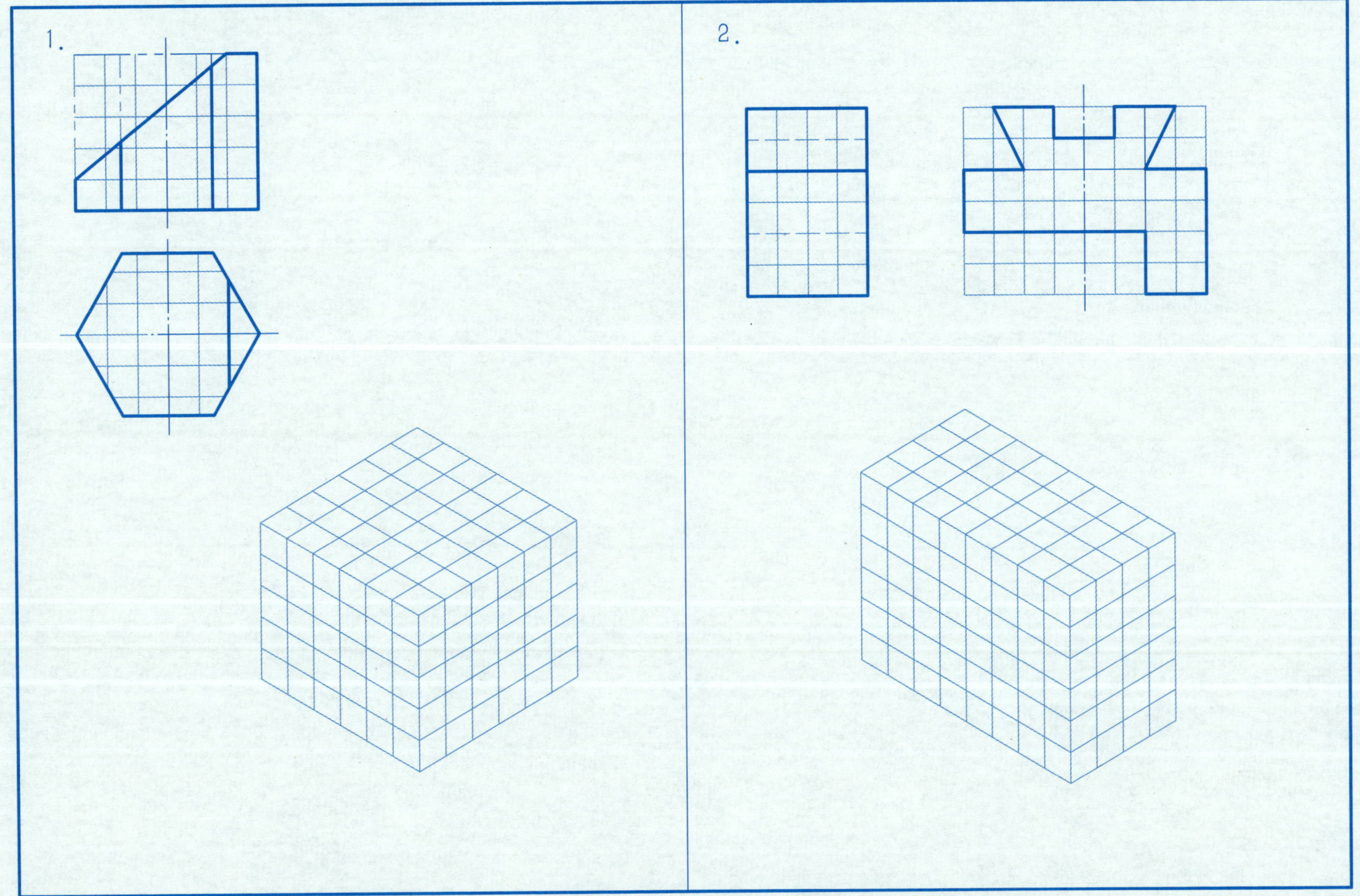

班级 姓名 学号

1-6-9 根据视图画出平面体的正等轴测图(二)

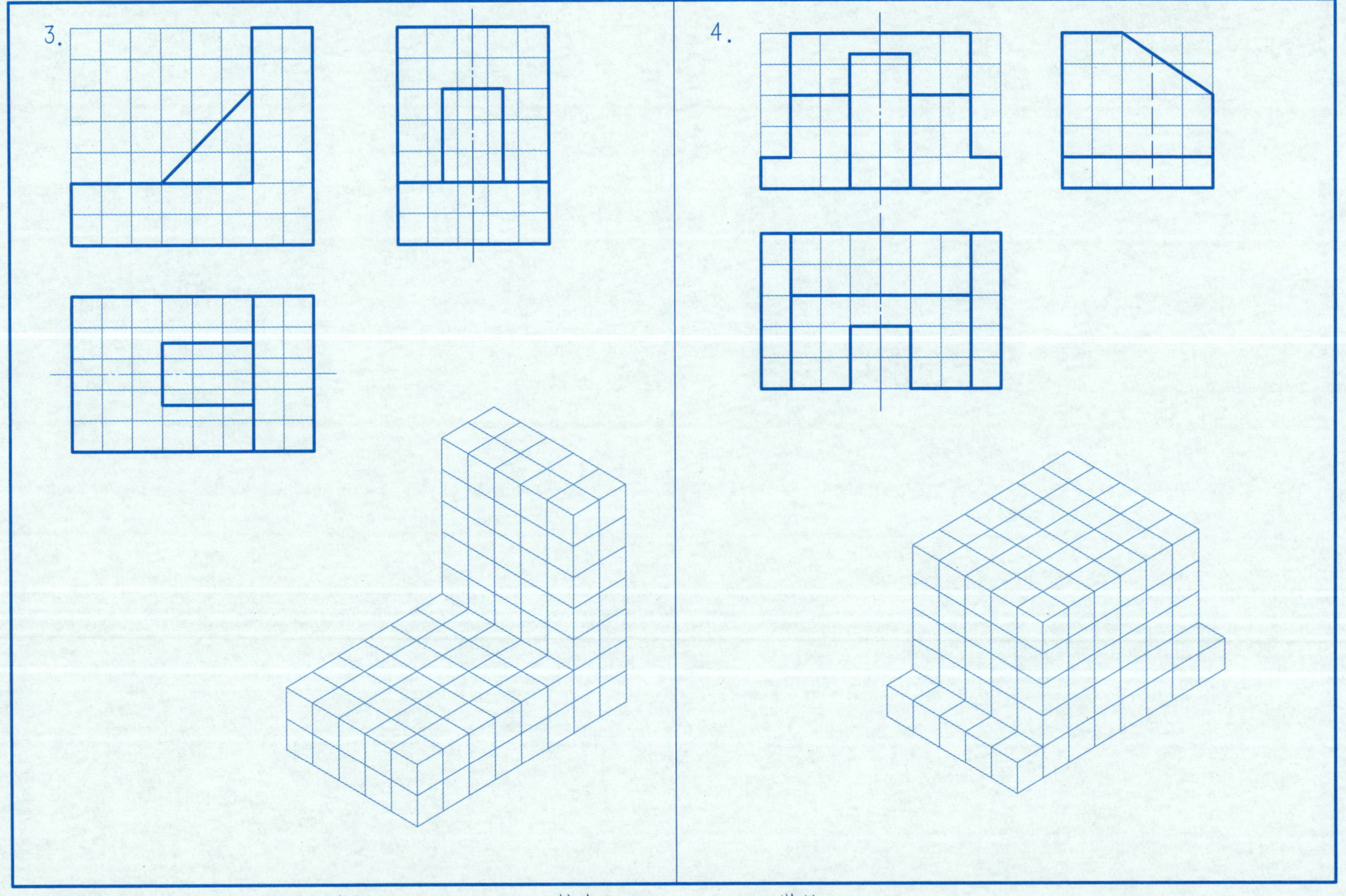

班级 姓名 学号

1-6-10 根据视图画出曲面体的正等轴测图(一)

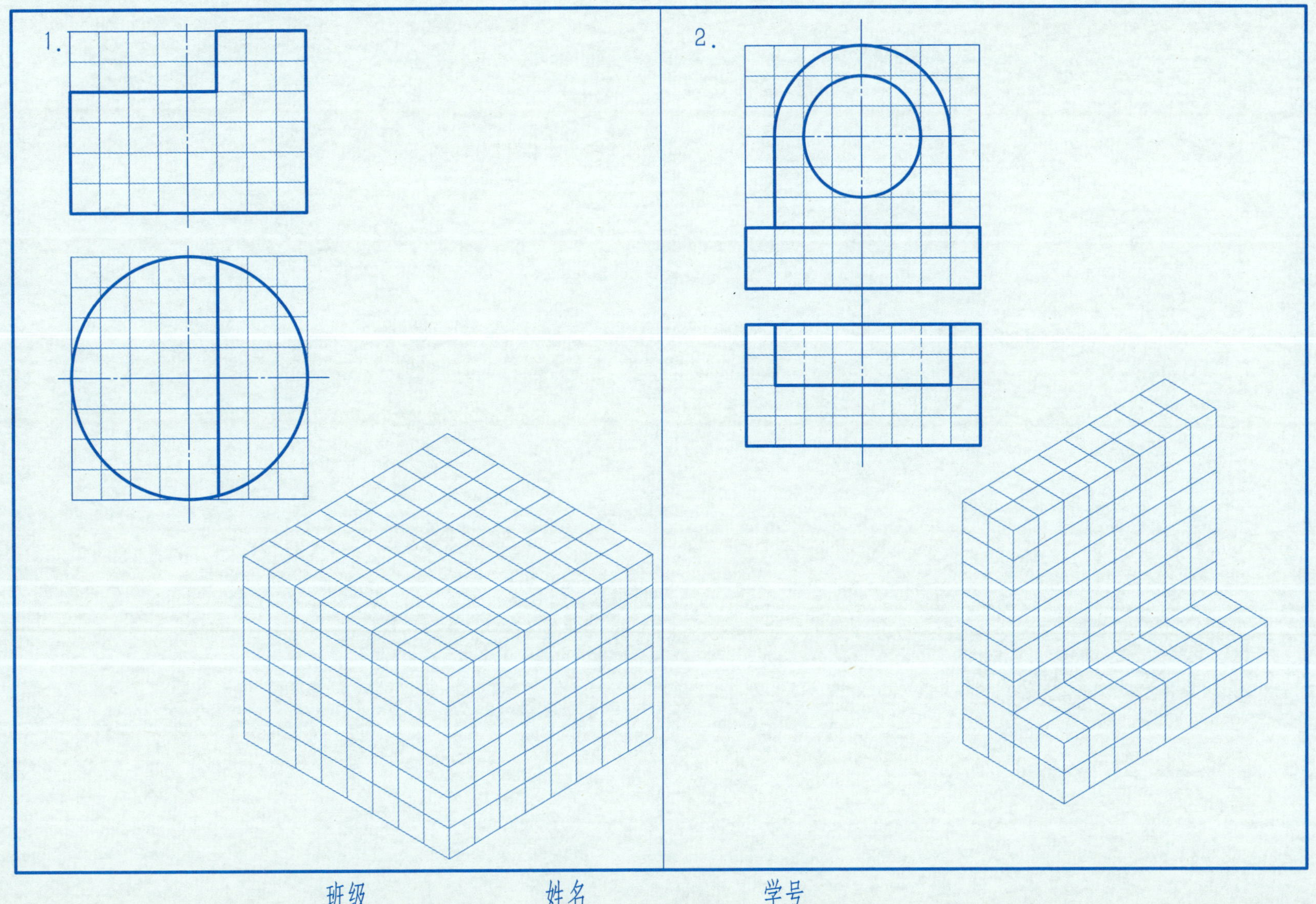

班级 姓名 学号

1-6-11 根据视图画出曲面体的正等轴测图(二)

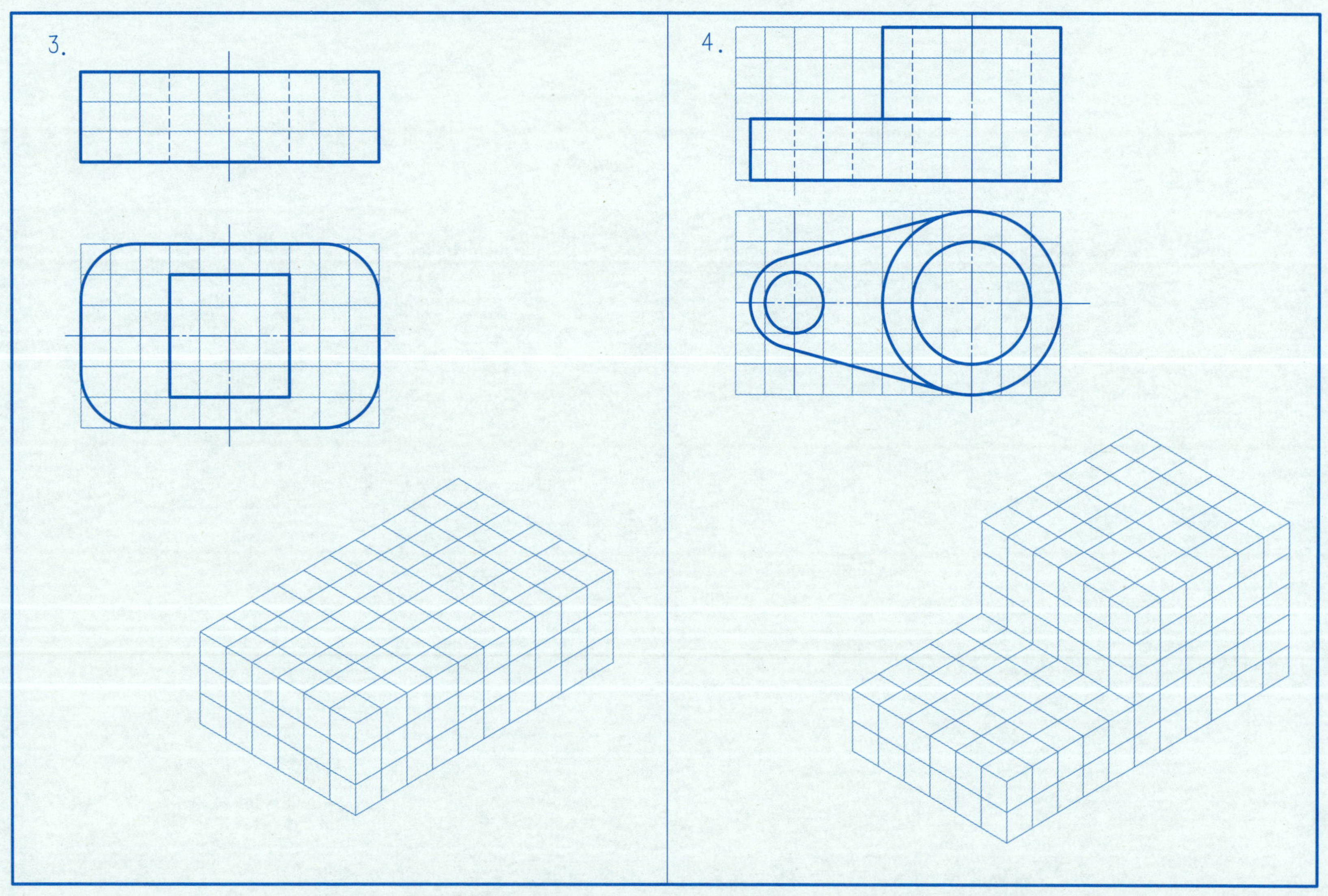

班级　　　　　　姓名　　　　　　学号

1-6-12　根据视图画出物体的斜二测图

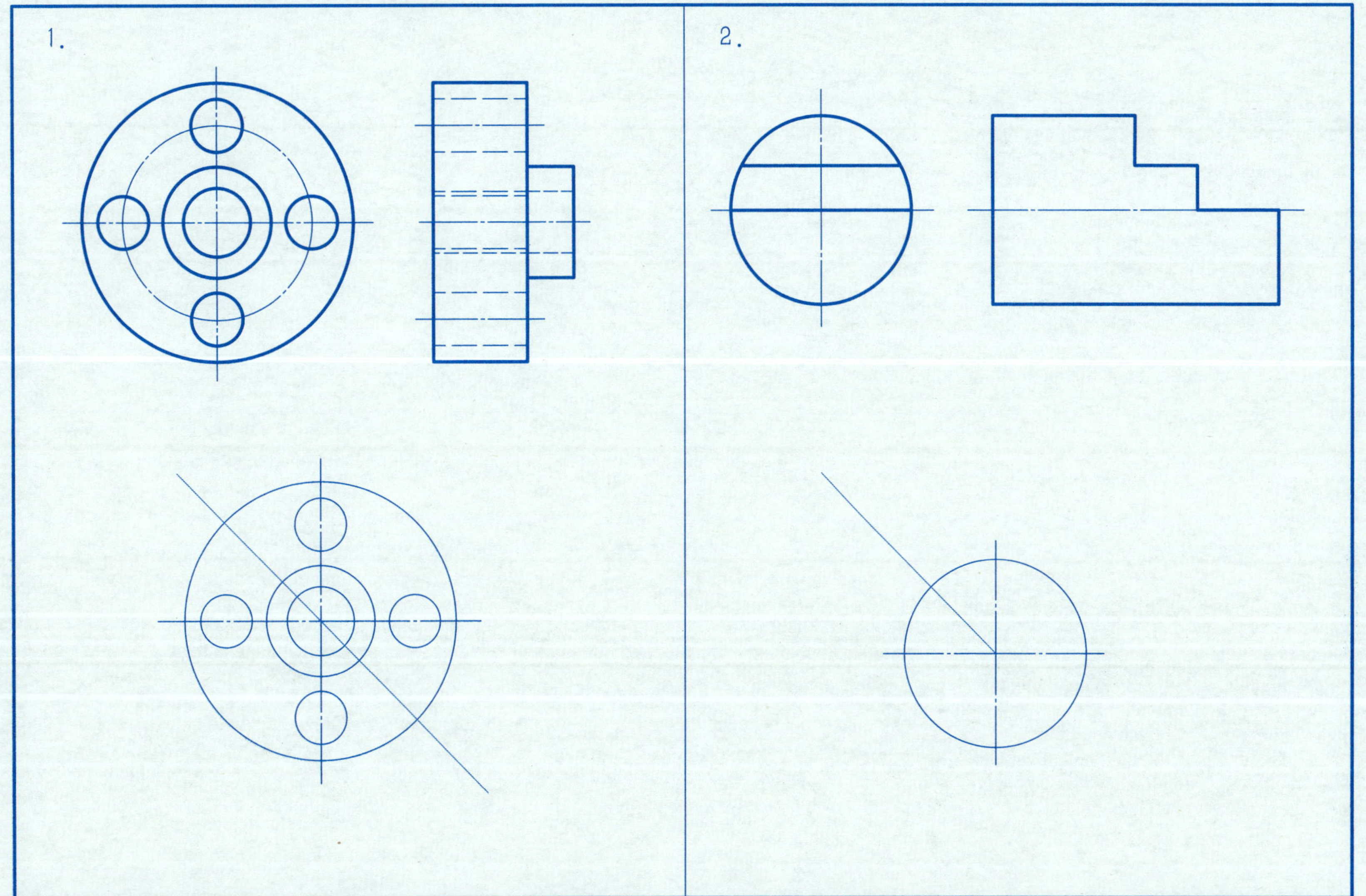

班级　　　　姓名　　　　学号

 1-6-13 补全三视图

1.

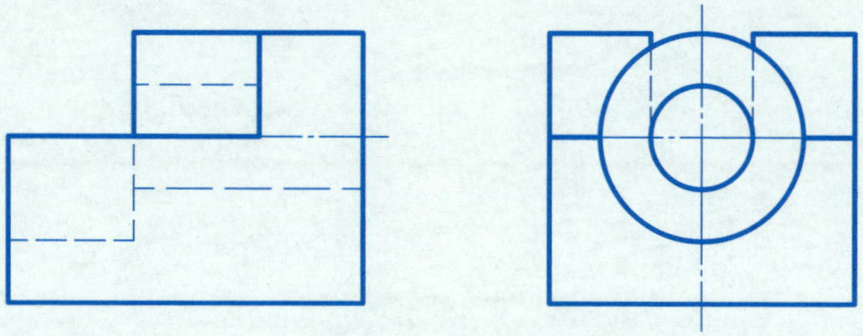

2.

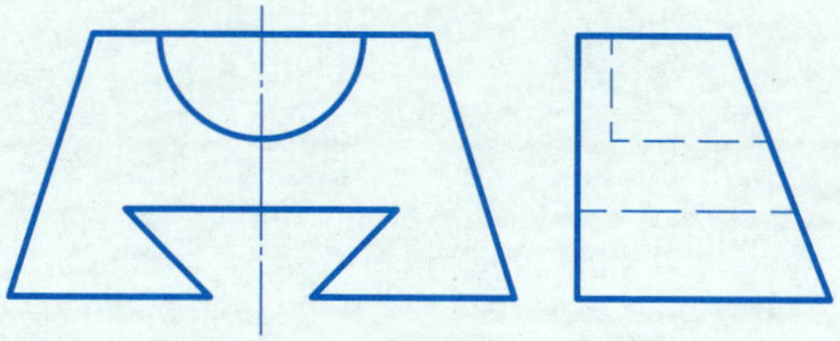

3.

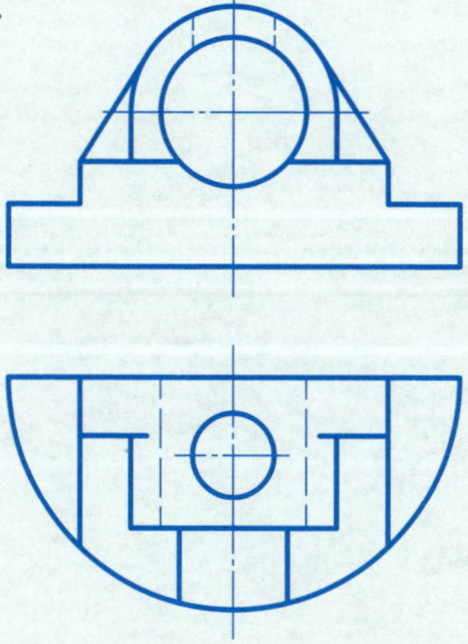

4.

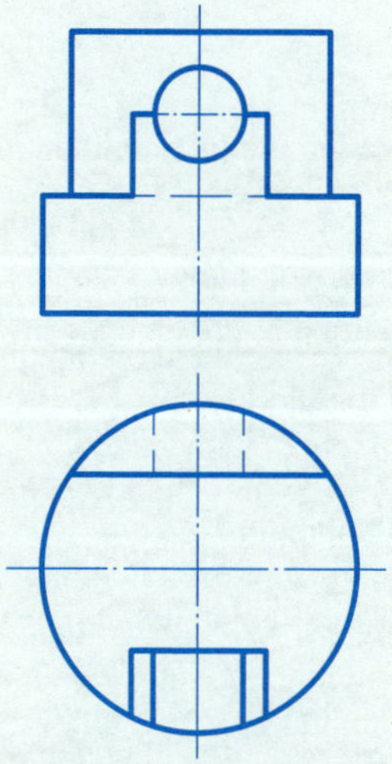

班级 姓名 学号

1-6-14 根据立体平面图选择合适的轴测图表达立体图

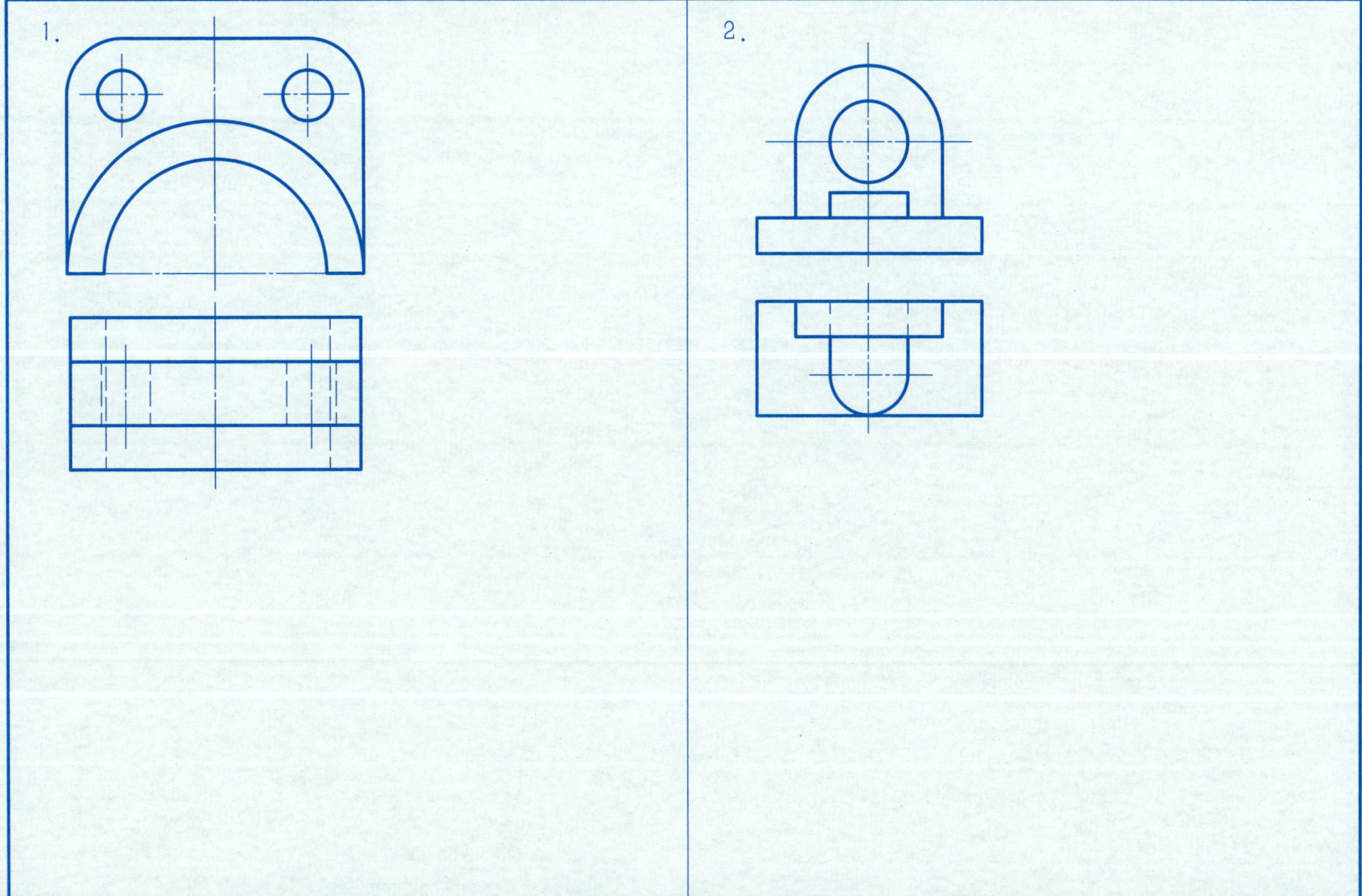

班级　　　　姓名　　　　学号

1-6-15 根据立体的轴测图绘制三视图

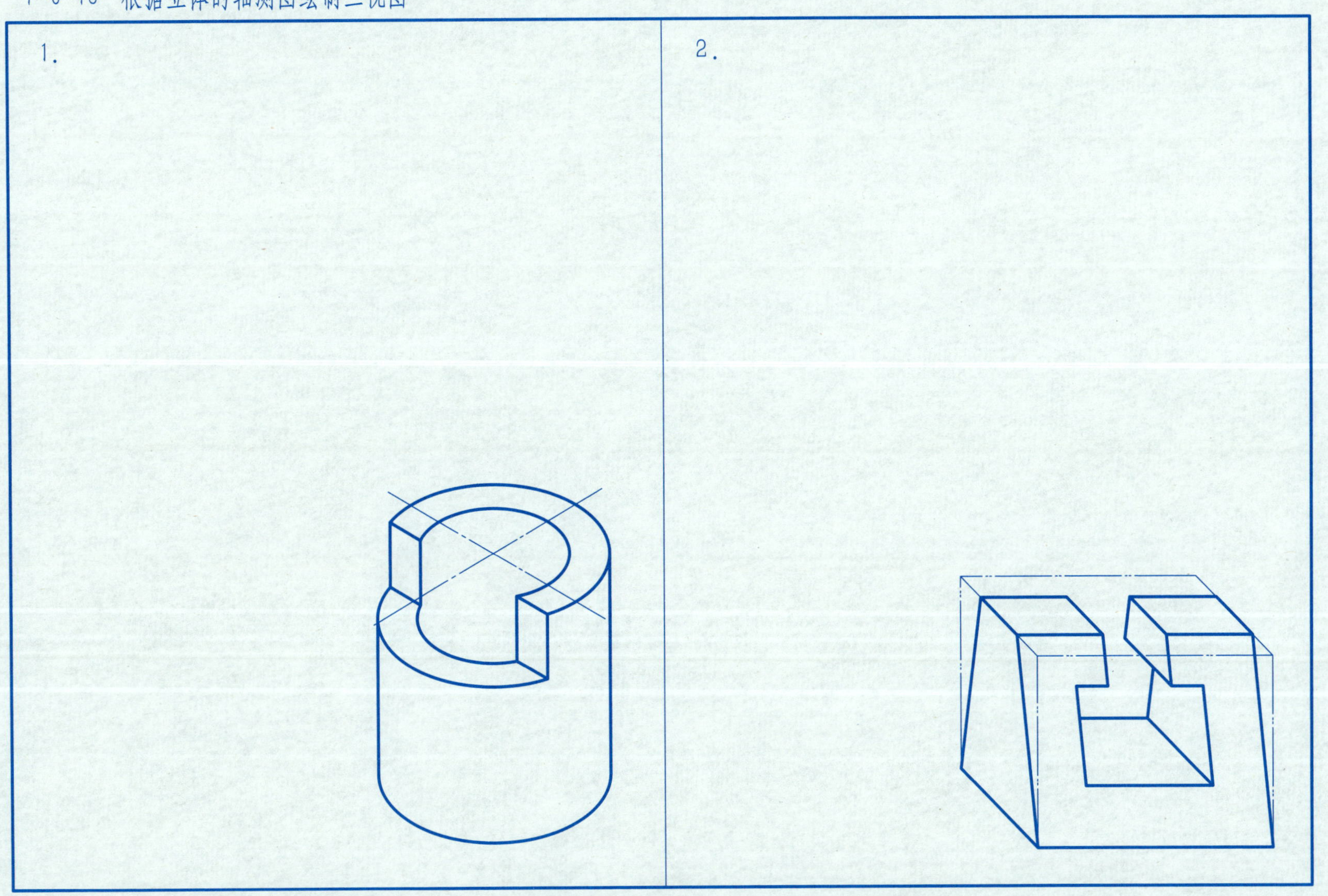

班级 姓名 学号

1-6-16 补全三视图，第2、3题图为第三角投影

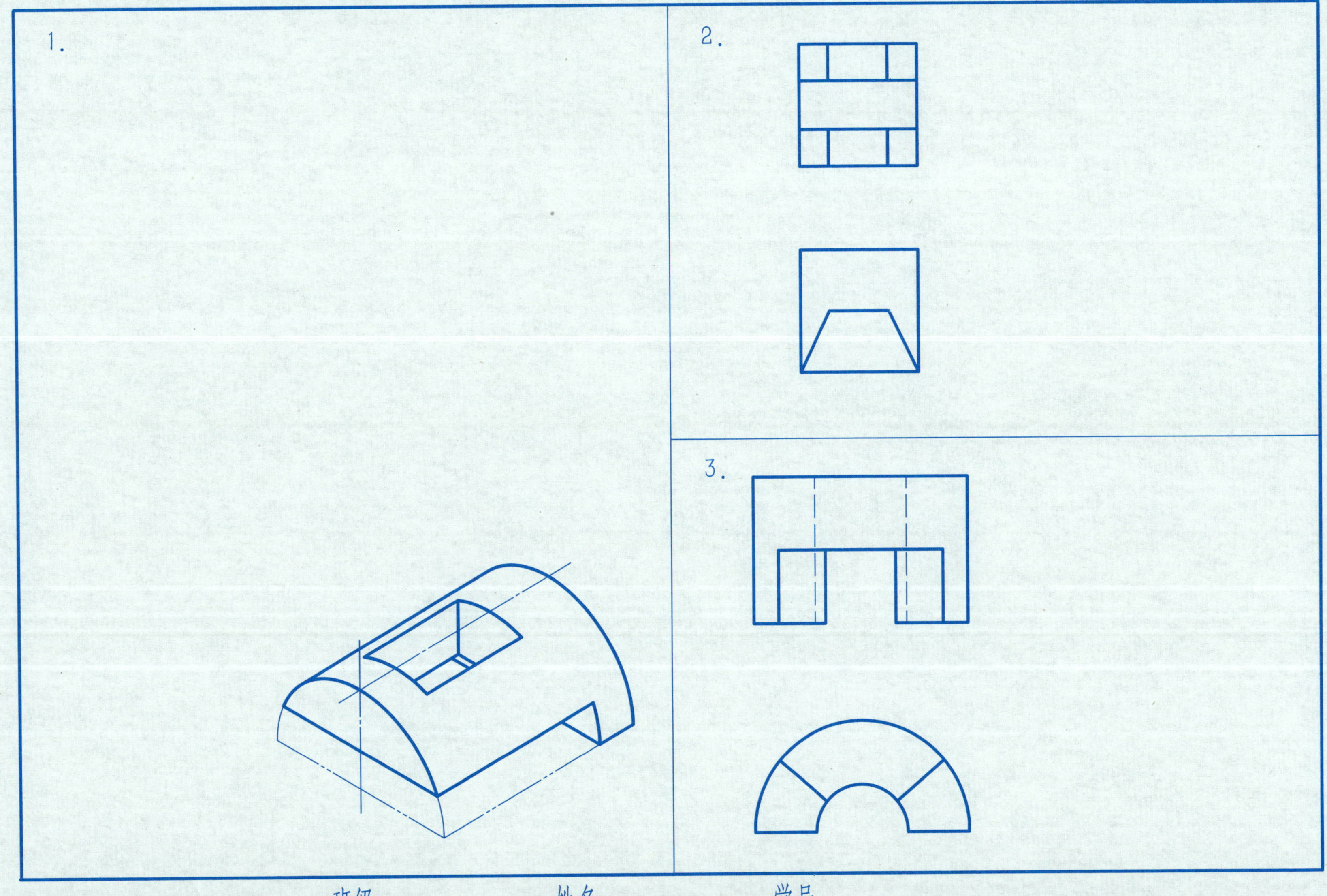

班级　　　　姓名　　　　学号

1-6-17 组合体构形

产品设计中，需要培养和训练学生的构形和创新能力。构形同时要考虑产品的功能、结构、工艺、材料、宜人性等多种因素，在保证满足功能性要求的前提下，组合体构形一般应遵循以下原则。

1. 简单性原则

考虑到形体的结构和加工方便等因素，组合体构形宜采用平面立体和回转体的组合，尽量不采用复杂的曲面立体组合，另外，由于封闭的内腔不便成形，一般不采用。

2. 稳定性原则

在组合体构形时常用降低重心、扩大支承面和对称等的形式，会给人稳定和平衡感。任何形体都是有一定厚度的实体。因此，当组合体各组成部分连接时，不能出现点、线接触和面连接的形式。

3. 新颖性原则

构形的多样化、新颖性在产品设计中是十分重要的，功能相同的产品可以用不同的结构形式来表现，以体现产品不同的造型风格。

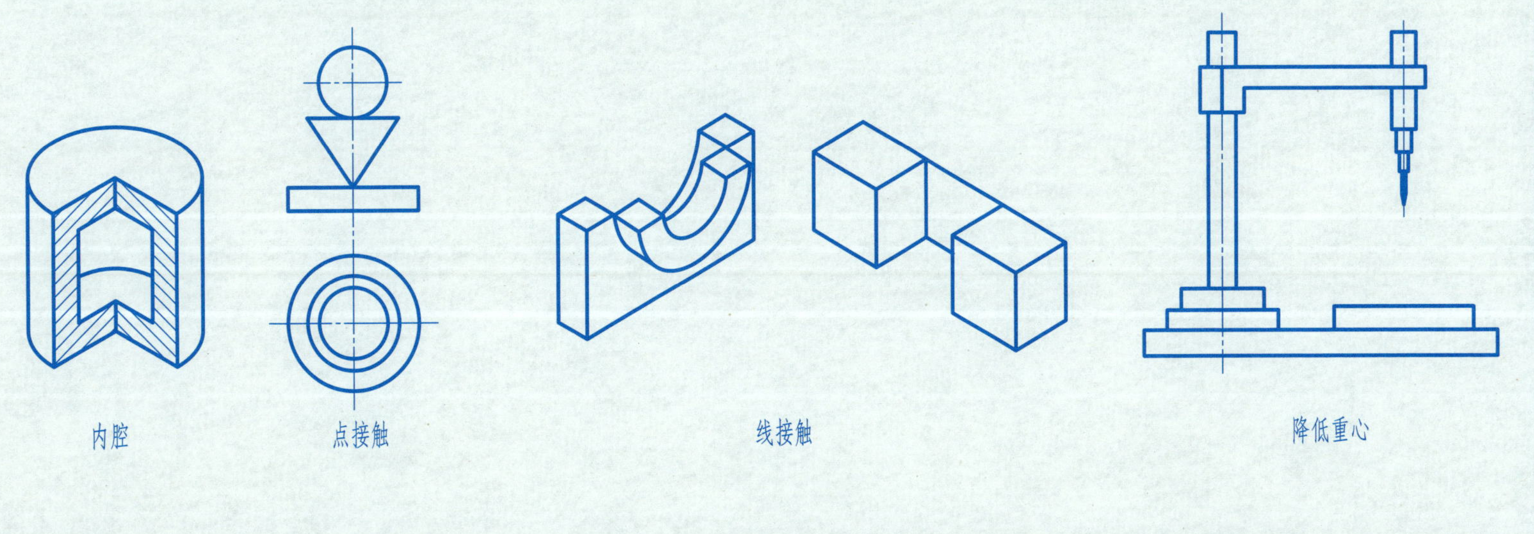

班级　　　　姓名　　　　学号

基础篇　1-7-1　已知生产模拟图(1-7-2)，绘制工艺流程图

作业指导书

一、作图目的

熟悉工艺流程图的内容及表达方法，掌握设备的示意图、建筑物、管道、流程线、阀门及仪表控制点的画法和标注方法。

二、作图内容和要求

1. 由立体图绘制工艺流程图。

2. 将A3图纸横放，比例、尺寸自己确定（或从图中量取整数）。

三、注意事项

1. 在工艺流程图中主要流程用粗实线绘制，次要流程用中实线绘制，辅助物料用细实线绘制，阀门、仪表用细实线绘制。

2. 汉字和数字用3.5号字书写。

3. 图形大致按比例绘制，注意设备的高低位置。

4. 注意管道交叉时，要按规定画法绘制。

5. 阀门的大小应保持一致。

6. 氨水通过氨水输送泵送入反应罐，上部通入CO_2，生成碳酸氢铵从下部排出。

班级　　　　姓名　　　　学号

1-7-2 生产模拟图

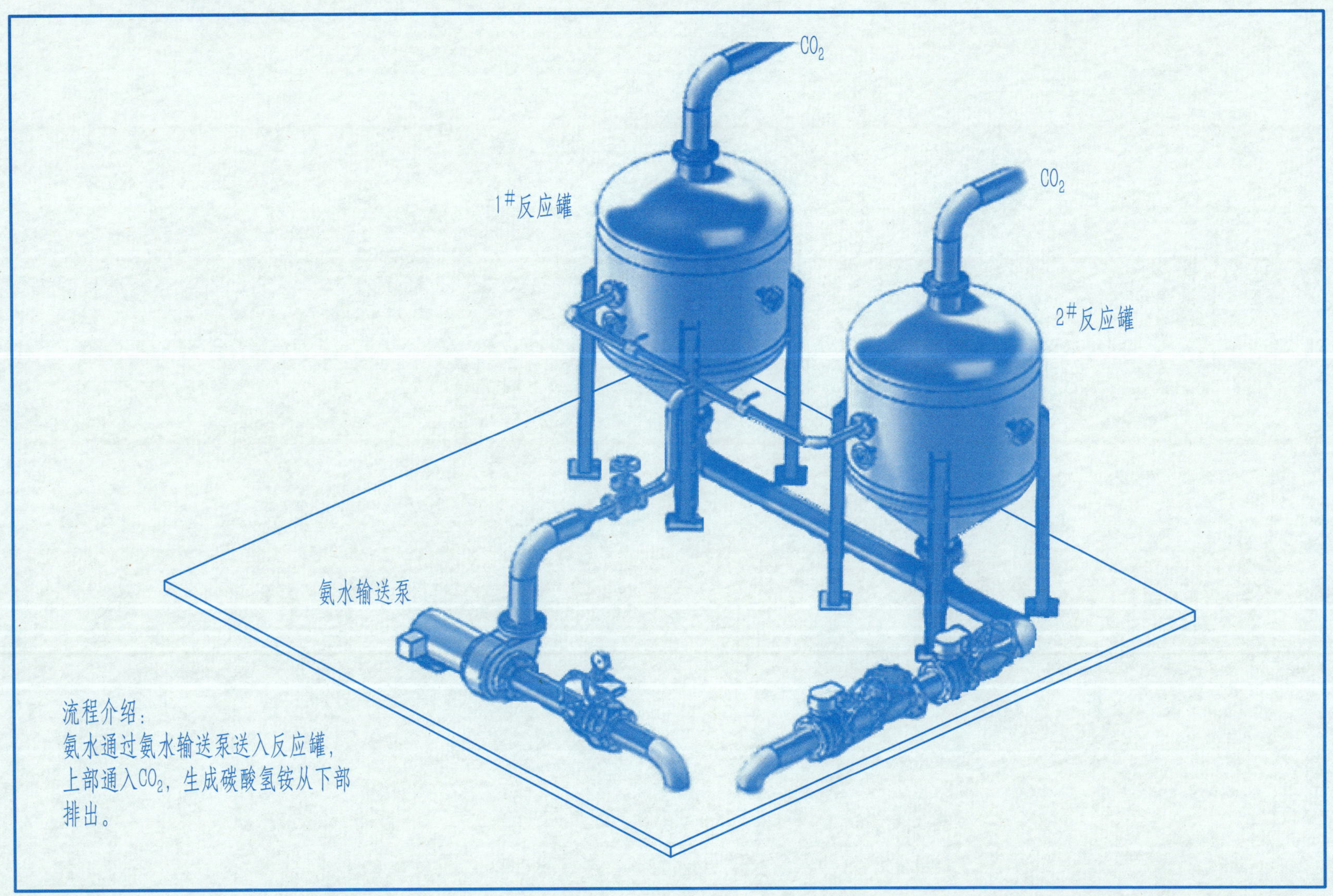

流程介绍：
氨水通过氨水输送泵送入反应罐，上部通入CO_2，生成碳酸氢铵从下部排出。

班级 姓名 学号

1-7-3 已知生产模拟图，绘制工艺流程图

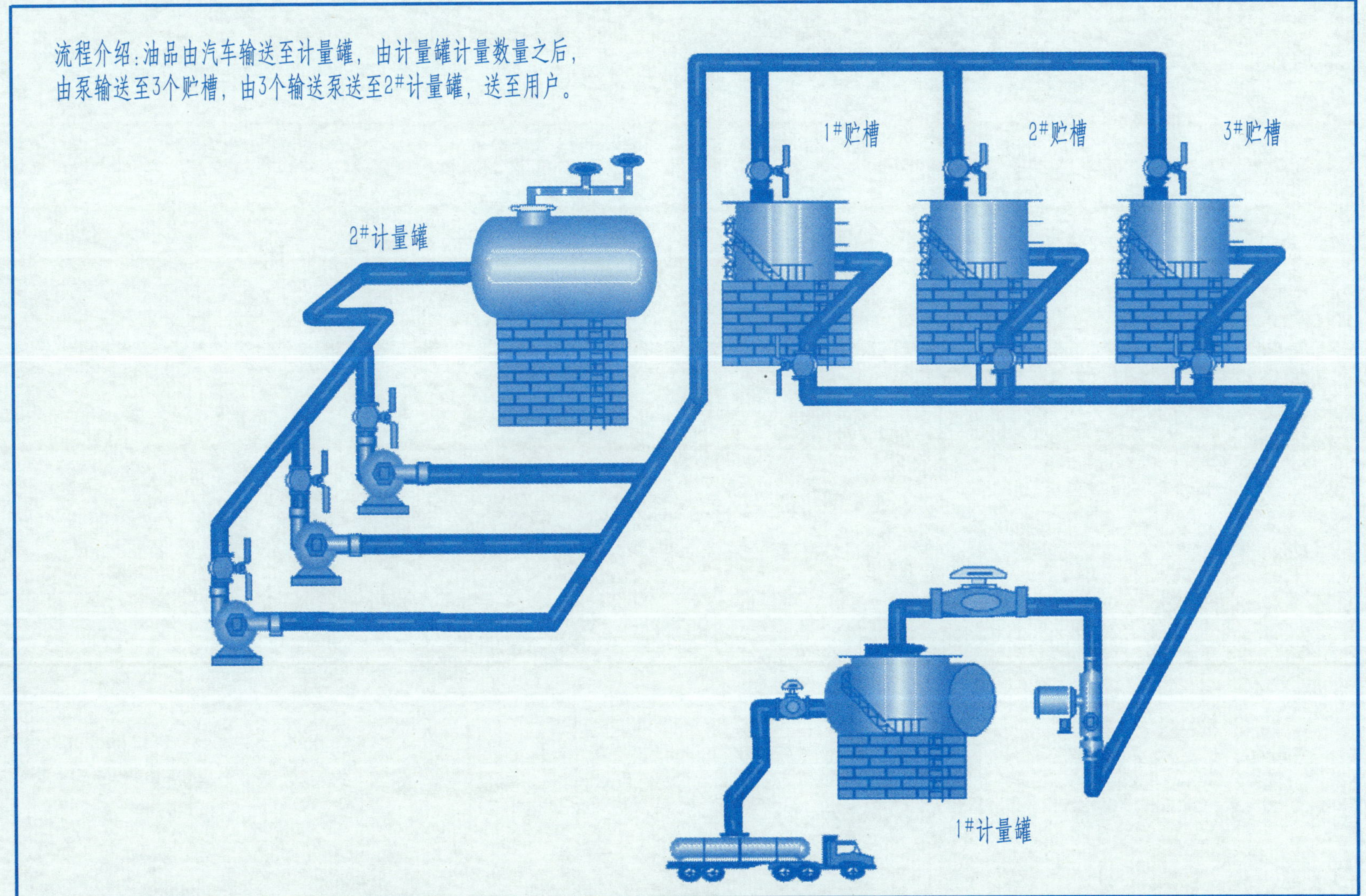

班级　　　　姓名　　　　学号

拓展篇 1-7-4 已知生产模拟图(1-7-5)，绘制工艺流程图

班级　　　　　　　　姓名　　　　　　　　学号

1-7-5 生产模拟图

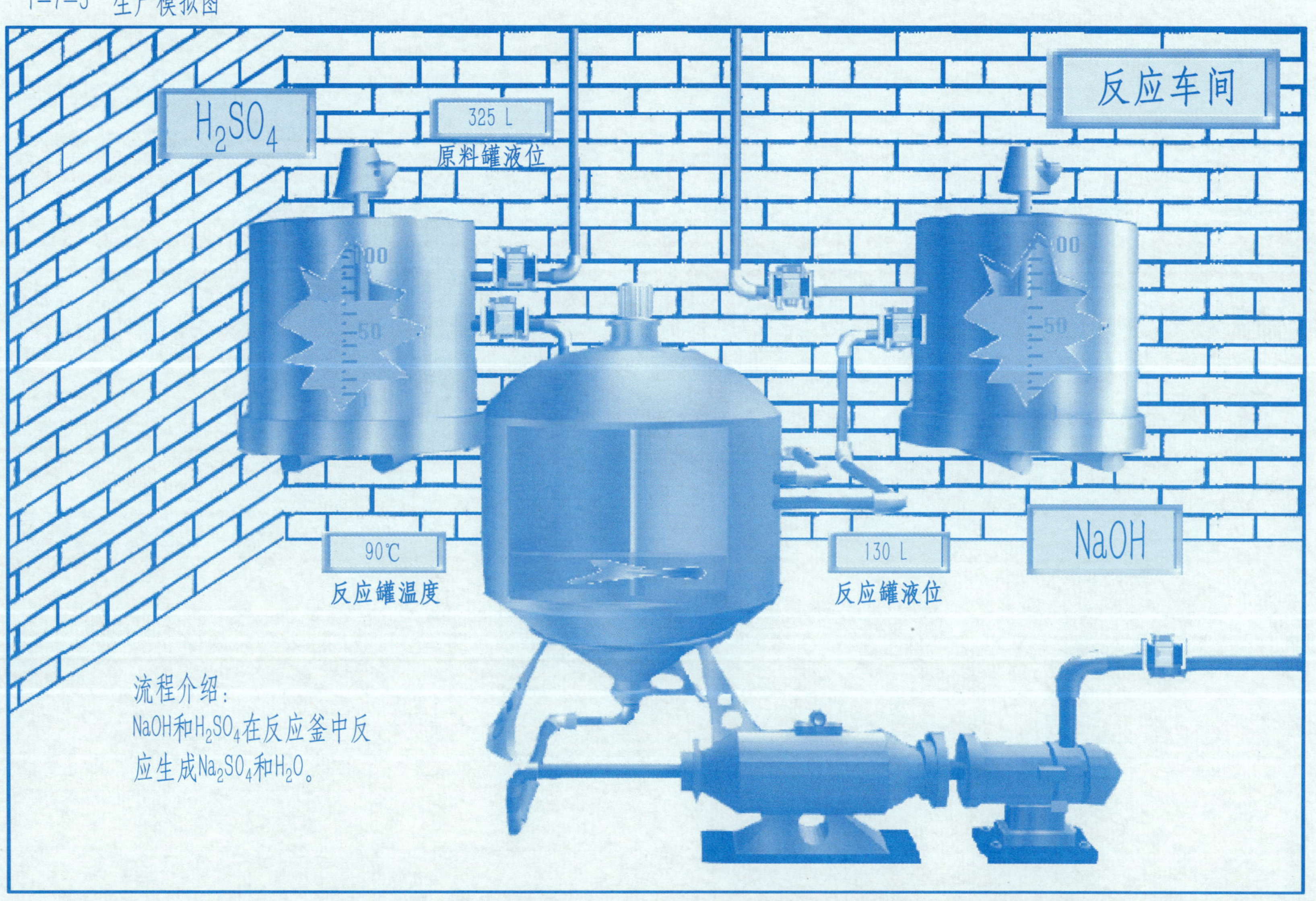

班级　　　　　　　姓名　　　　　　　学号

基础篇　1-8-1　读氯乙烯工艺流程图(1-8-2)并回答问题

1. 首先阅读标题栏和图例说明，从中了解图样名称、各种图形符号、代号的含义。

2. 看图中的设备，了解设备的名称、位号及数量，大致了解设备的用途。

该流程图中自左而右排列有＿＿＿＿＿＿(V0101)、＿＿＿＿＿＿(V0102)、＿＿＿＿＿＿(C0101A、B)两台、＿＿＿＿＿＿(E0101A、B)两台、＿＿＿＿＿＿(E0102)、＿＿＿＿＿＿(E0103)、＿＿＿＿＿＿(E0104)及＿＿＿＿＿＿(V0103)、＿＿＿＿＿＿(P0101)共＿＿＿台设备。

3. 阅读流程，了解物料流向。

本流程图为氯乙烯压缩回收工段，没反应的氯乙烯气体经管道＿＿＿＿＿＿送入捕集器(V0102)，与＿＿＿＿＿＿(V0101)设备来的气体一起，经管道＿＿＿＿＿＿进入＿＿＿＿＿＿(C0101)，经压缩后进入＿＿＿＿＿＿(E0101)一次冷却后，又经＿＿＿＿＿＿(E0102)进行二次冷却，将氯乙烯气体和水蒸气冷却为液体，进入＿＿＿＿＿＿(E0103)，从设备下部分离出液体水，经管道＿＿＿＿＿＿流出，液体氯乙烯进入＿＿＿＿＿＿(E0104)，经管道＿＿＿＿＿＿排出氯乙烯中的N_2，进入设备＿＿＿＿＿＿(V0103)下部分离出工艺水，一部分没有液化的氯乙烯气体经＿＿＿＿＿＿管道流回气柜，再次回收利用。液体氯乙烯经氯乙烯输送泵送入下一工段。

4. 其他。

E0101设备是＿＿＿＿＿＿，管程内走＿＿＿＿＿＿，壳程内走＿＿＿＿＿＿。

管道上共有仪表控制点＿＿处，其中PI是＿＿＿＿＿＿仪表，TI是＿＿＿＿＿＿仪表，LIA是＿＿＿＿＿＿仪表。

班级　　　　姓名　　　　学号

1-8-2 氯乙烯工艺流程图

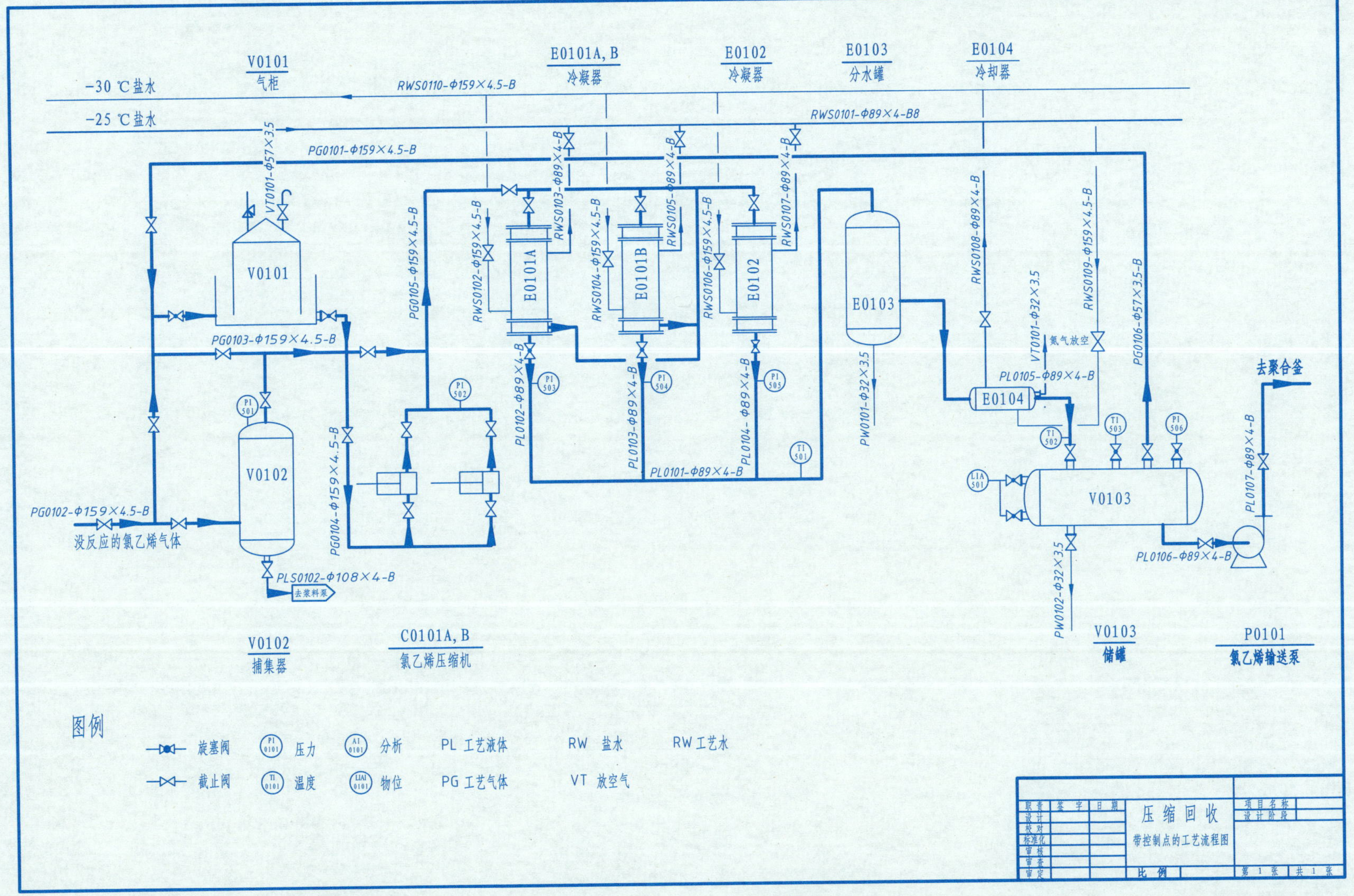

班级　　　　姓名　　　　学号

拓展篇 1-8-3 读抗阻剂工艺流程图(1-8-4)并回答问题

1. 首先阅读标题栏和图例说明，从中了解图样名称、各种图形符号、代号的含义。

2. 看图中的设备，了解设备的名称、位号及数量，大致了解设备的用途。

该流程图中有泵类设备________台，分别为________________________，从而了解泵是以______命名的，容器类设备有______台，塔器设备有_____台，换热器有______台，反应器设备有_____台。

3. 阅读流程，了解物料流向。

从原料桶来的______原料输送至______贮存，后经______泵输送至________与十二烯混合，在设备上连接了真空管，以使设备内保持___压，从______出来的物料用_____泵输送至__________，除去物料中的水分，然后进入_________，______上连接有__________，作用是________________，最后进入____________反应得到润滑剂，设备上连接有氮气管道，为了阻断物料与_____的接触，说明物料是易燃易爆物品，最后送入_______贮存。

设备V0103是将________的物料经______后，送入__________设备，后连接真空系统将物料抽走。

在干燥塔的下部连有E0102________设备，主要是将______加热，送入干燥塔，以吹干T0102设备内的触媒。

4. 其他。

PL0105-40-E2B的含义是____ CWS0100-80-B1G的含义是____。

设备采用______线作图，有规定符号的设备按规定作图，无规定符号的设备画___________________，流程图中主要物料管道用___________线作图，辅助物料管道用__________线作图，二者交叉是断开________管线，两主要物料管线交叉_______线断开。

班级　　　　姓名　　　　学号

1-8-4 抗阻剂工艺流程图

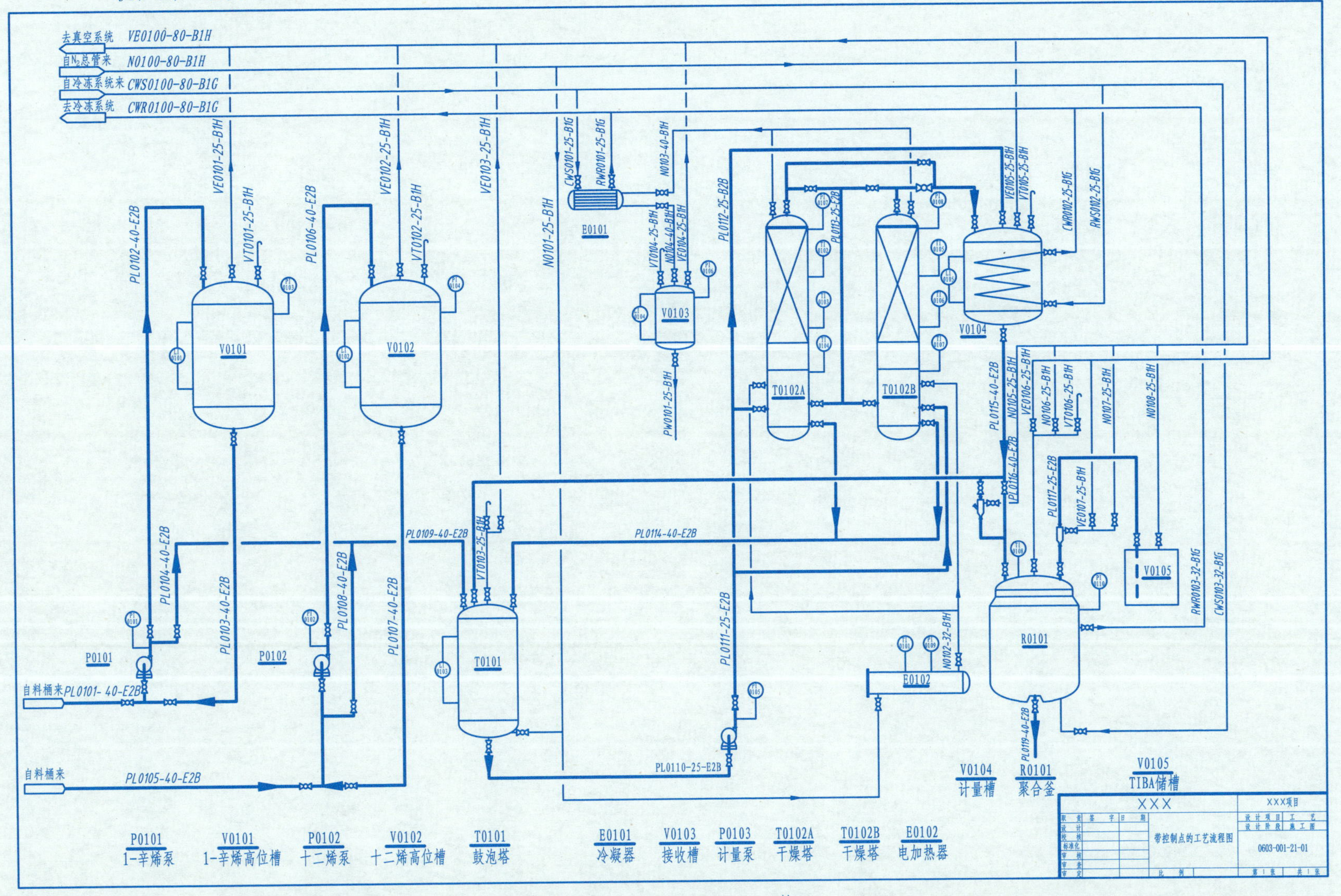

班级　　　姓名　　　学号

任务一　高精度零件的测绘

基础篇 2-1-1　视图

1. 根据所给的主视图、俯视图、左视图画出右视图、仰视图、后视图

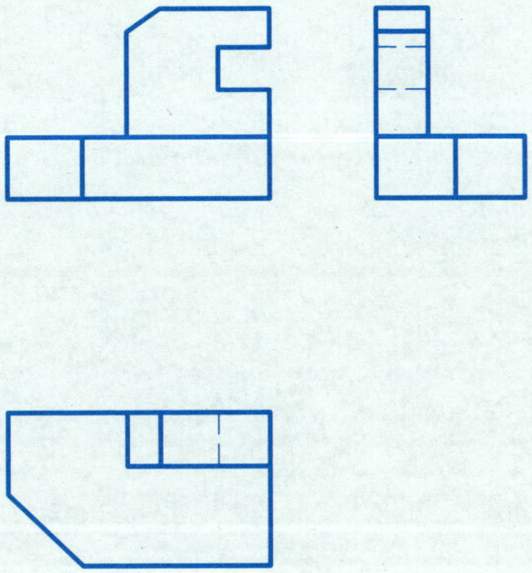

2. 按照箭头所指的方向，画出相应的向视图。

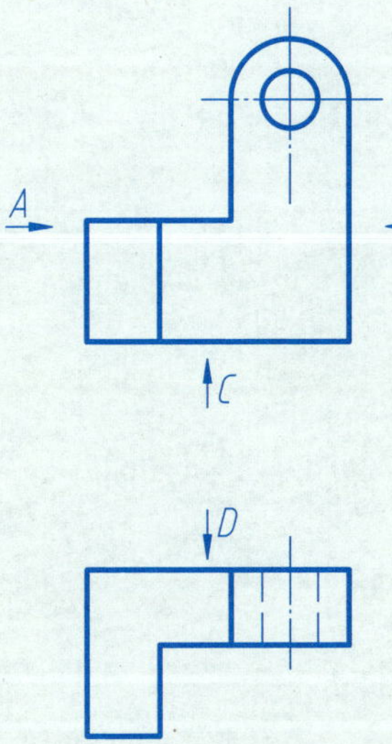

A

B

C

D

班级　　　　姓名　　　　学号

2-1-2 作出图形中所标注的斜视图和局部视图

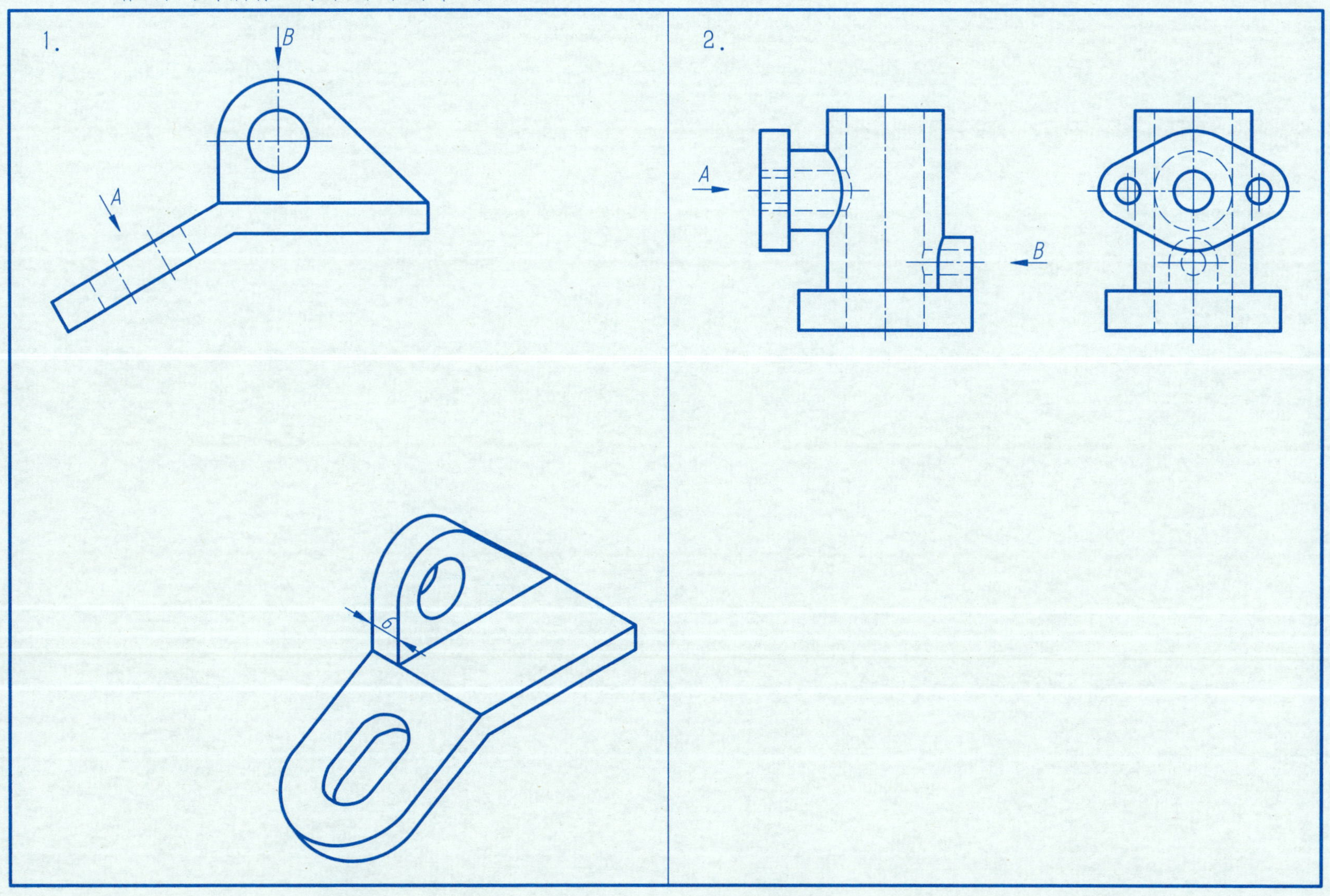

班级　　　　姓名　　　　学号

2-1-3　将主视图改画成全剖视图(一)

1.

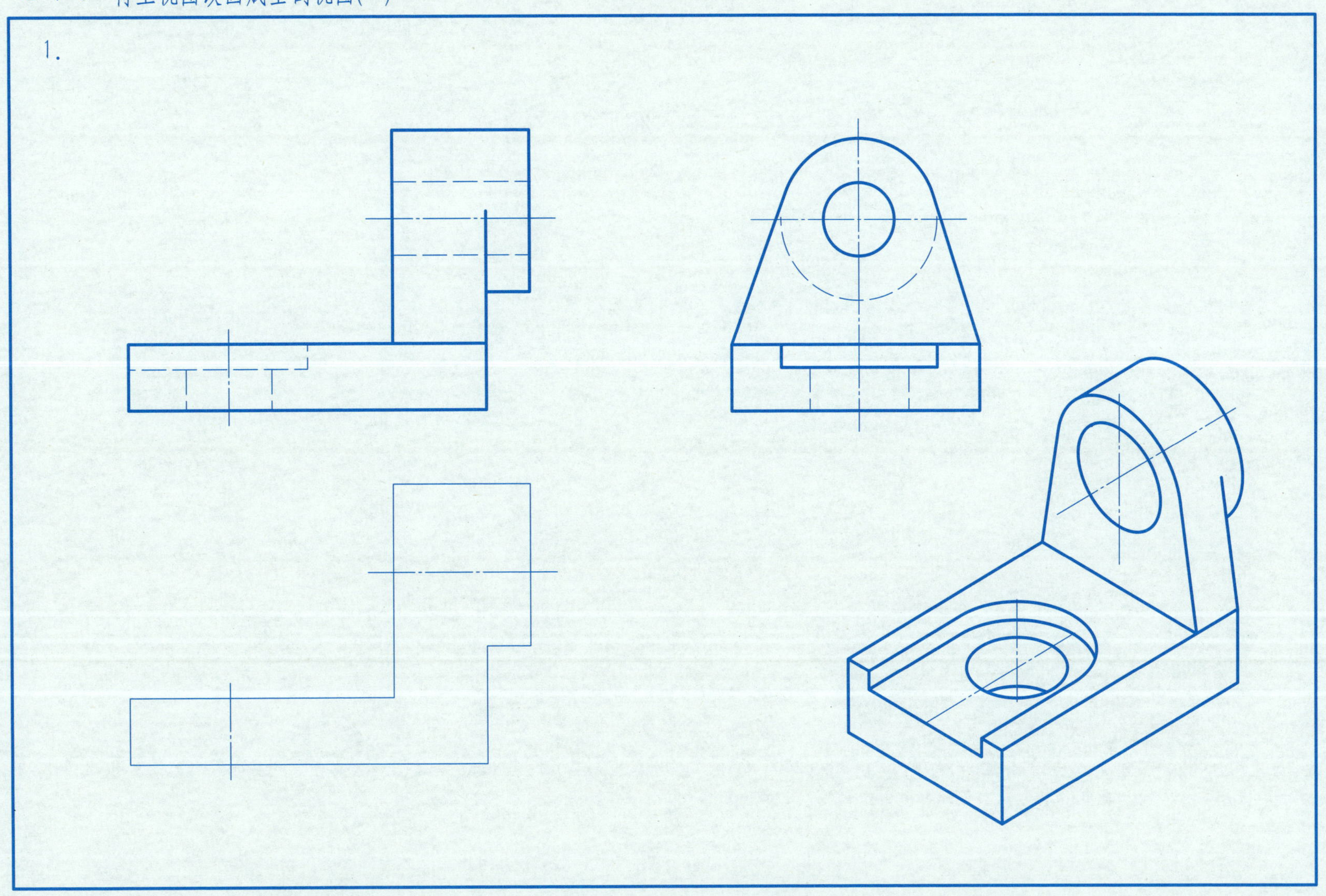

班级　　　　　姓名　　　　　学号

2-1-4 将主视图改画成全剖视图(二)

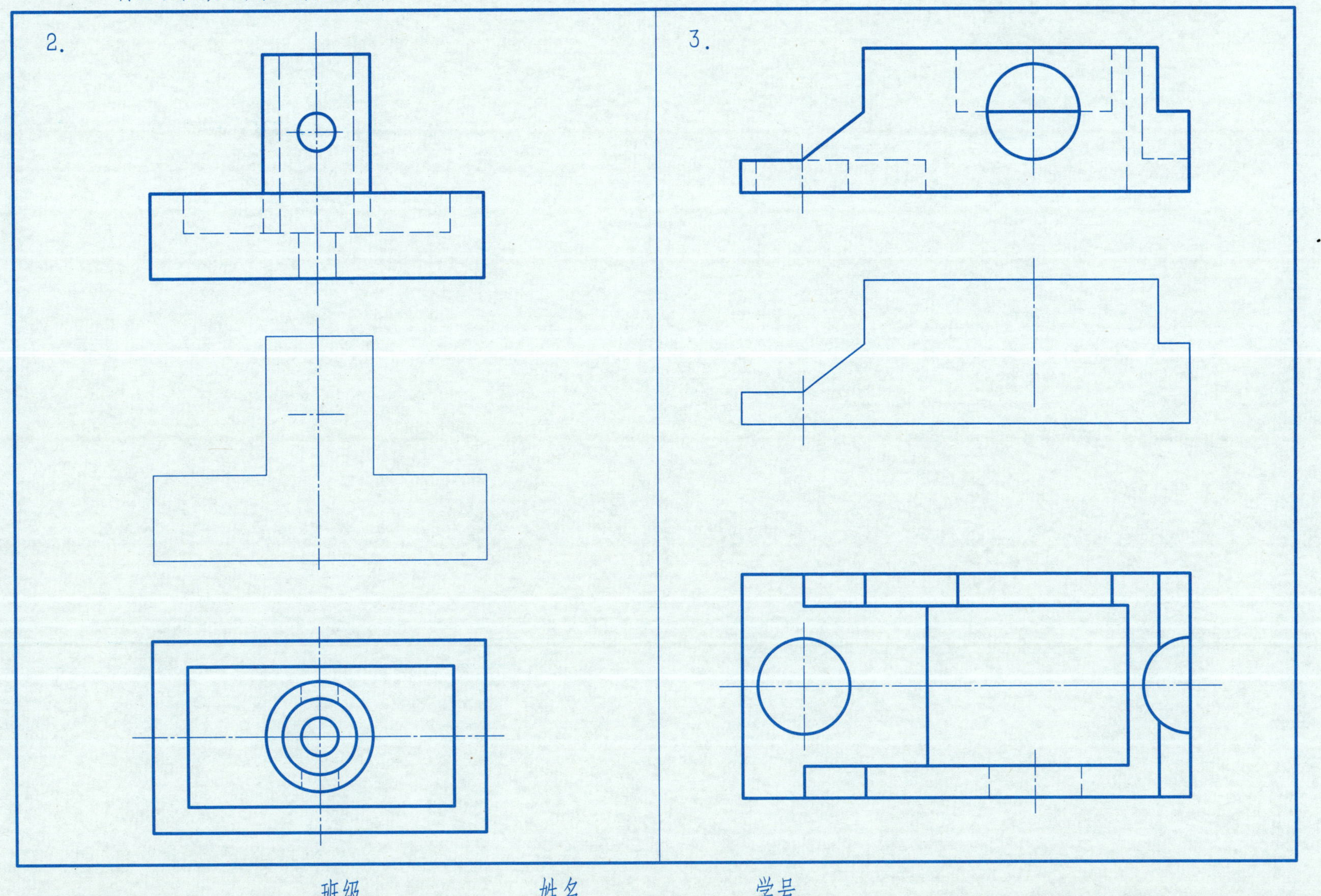

班级 姓名 学号

2-1-5　画出主视图的半剖视图

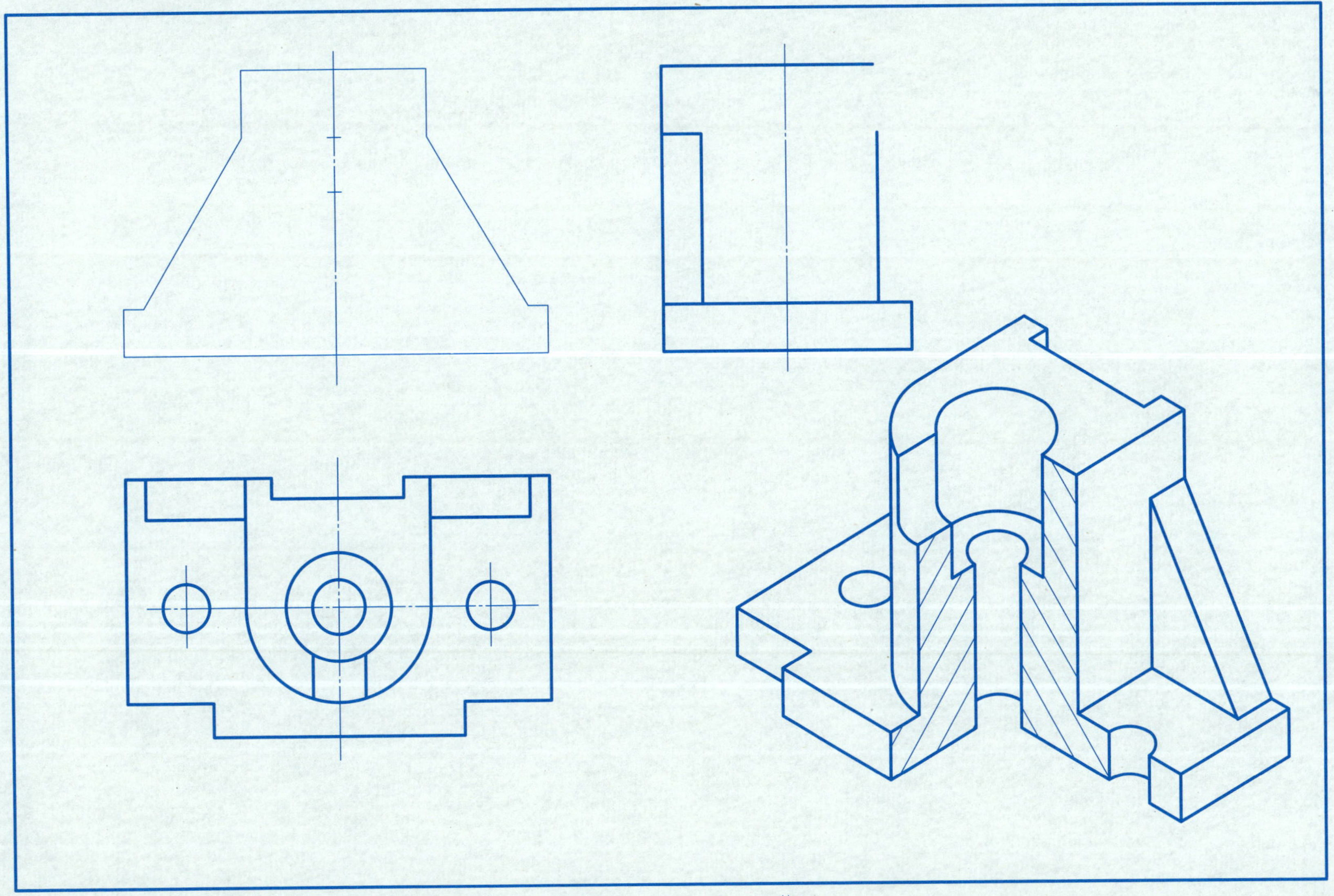

班级　　　　　　姓名　　　　　　学号

2-1-6 将主视图改画成半剖视图

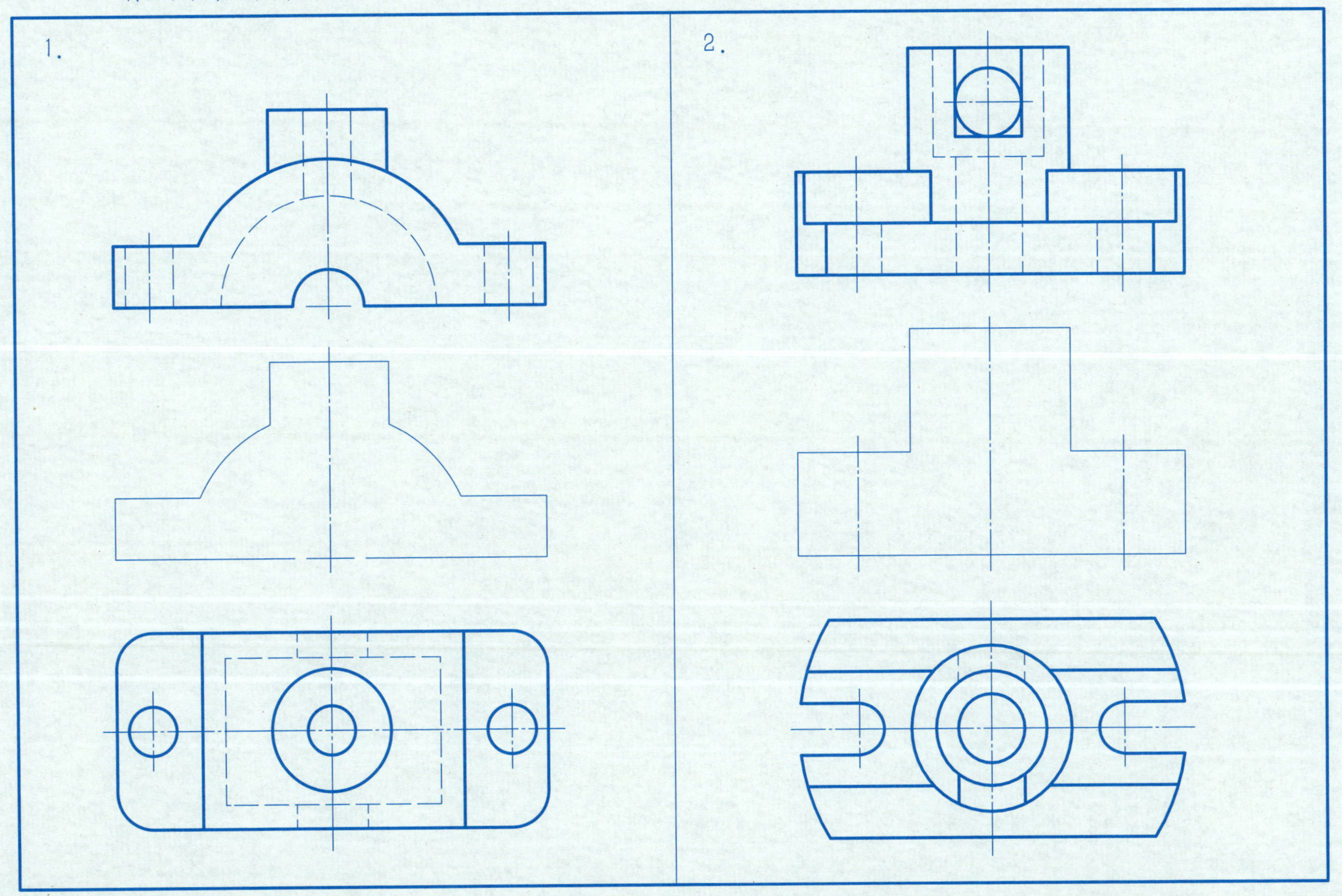

班级 姓名 学号

2-1-7 在适当位置作局部剖视图(一)

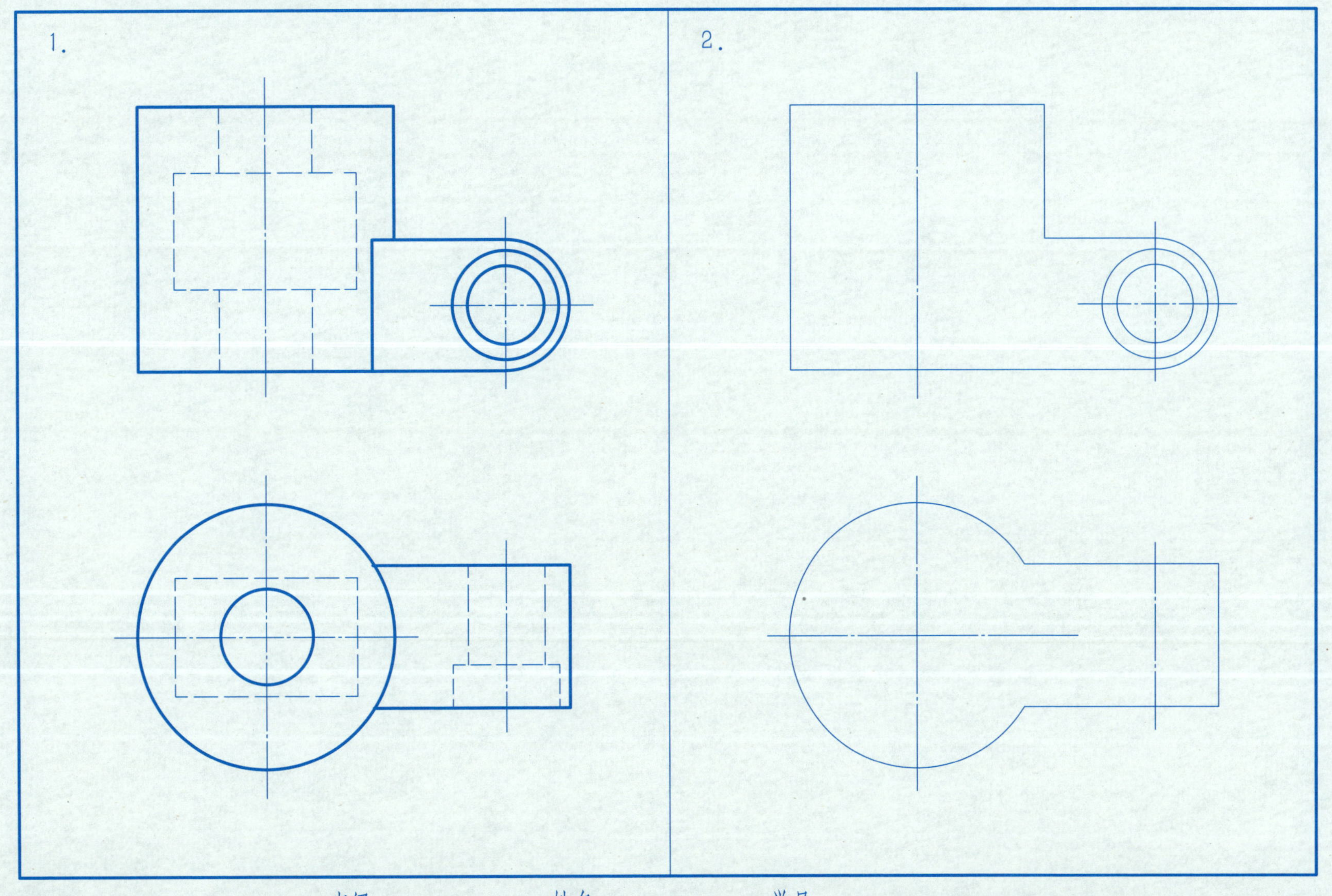

班级　　姓名　　学号

2-1-8 在适当位置作局部剖视图(二)

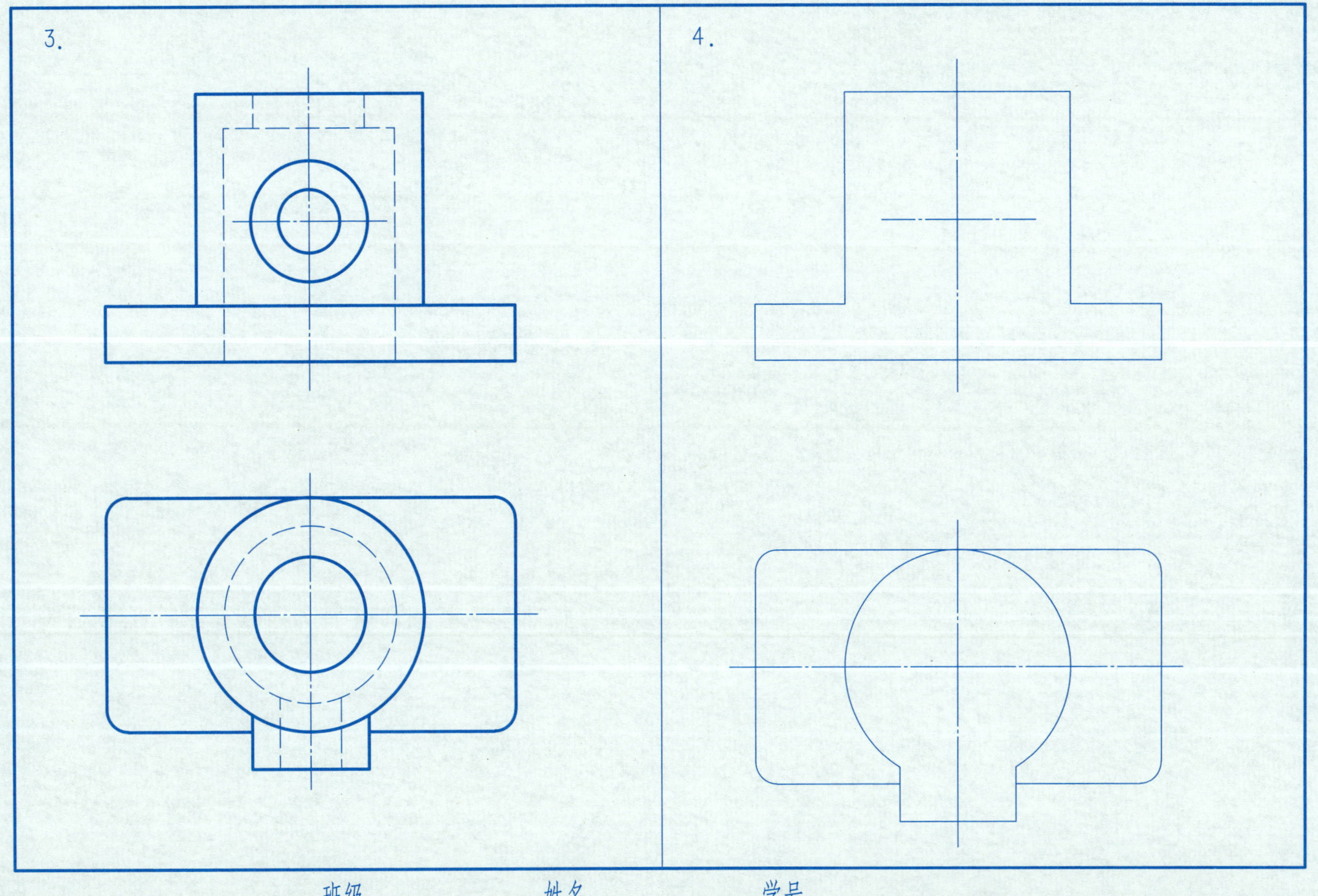

班级 姓名 学号

2-1-9 补画剖视图所缺的图线(一)

班级 姓名 学号

2-1-10 补画剖视图所缺的图线(二)

班级　　　　姓名　　　　学号

2-1-11 将主视图改画成用相交剖切平面剖切的全剖视图，并标注

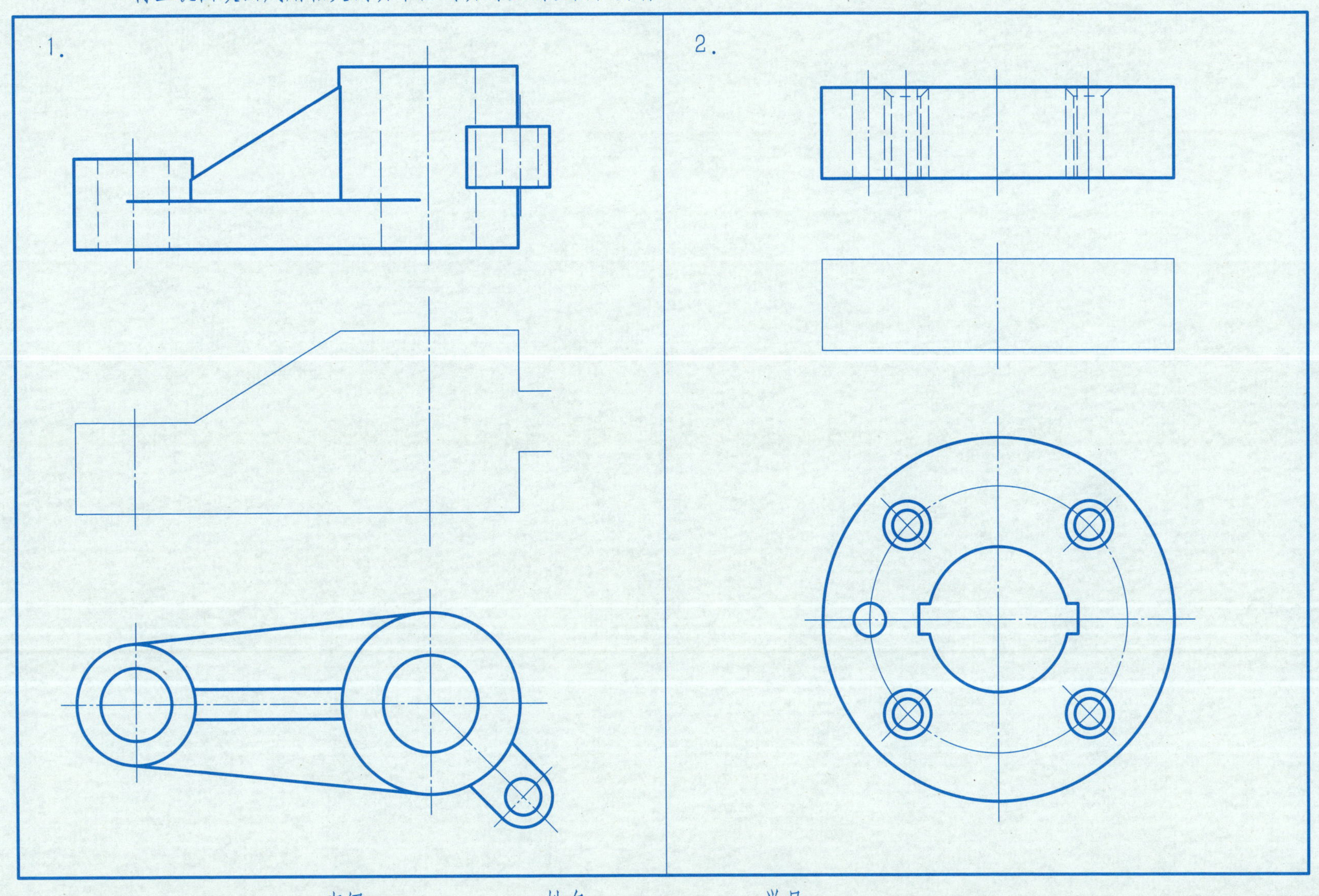

班级　　　　姓名　　　　学号

2-1-12 将主视图画成平行剖切平面的全剖视图

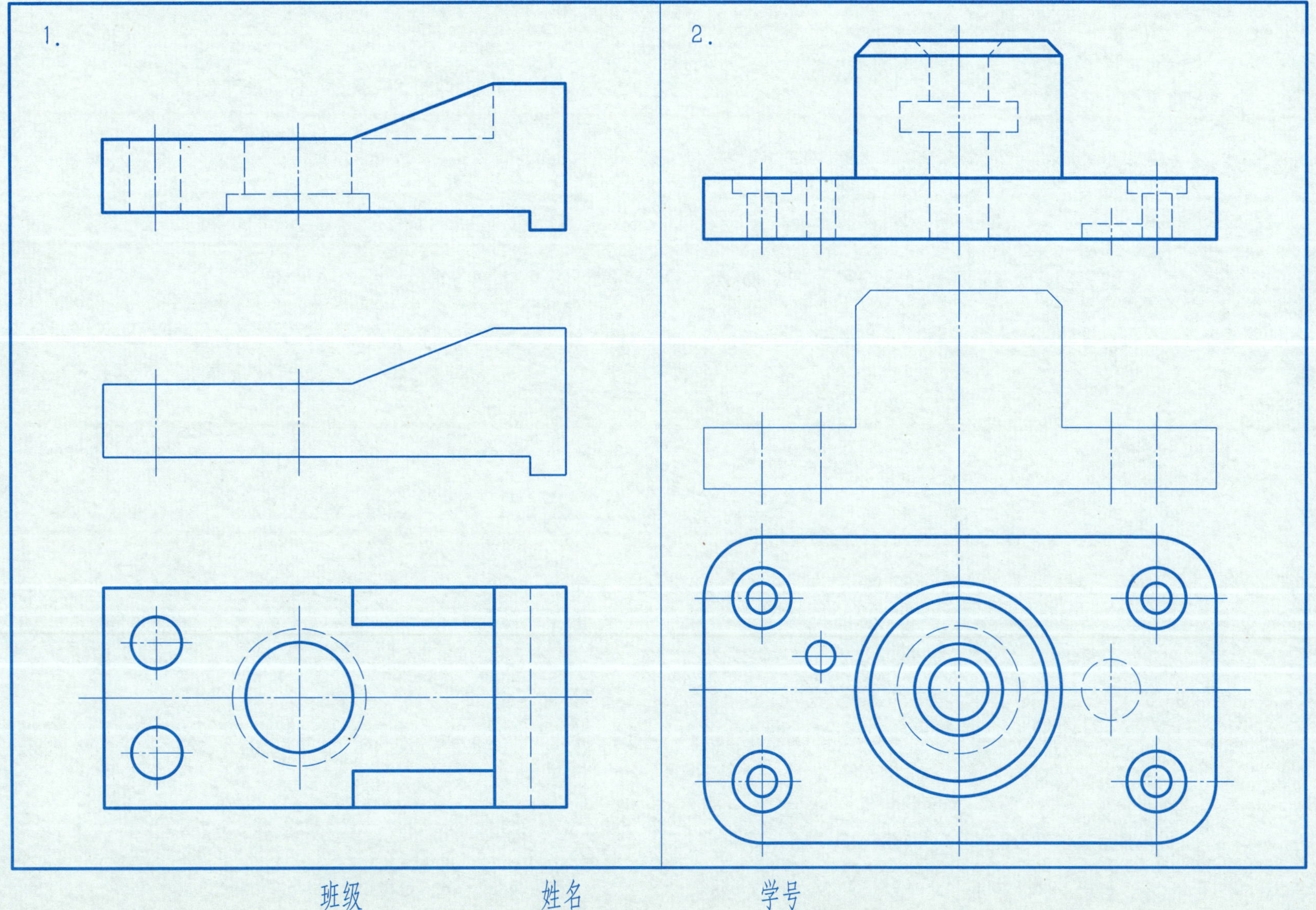

班级　　　　姓名　　　　学号

2-1-13 画出全剖的主视图

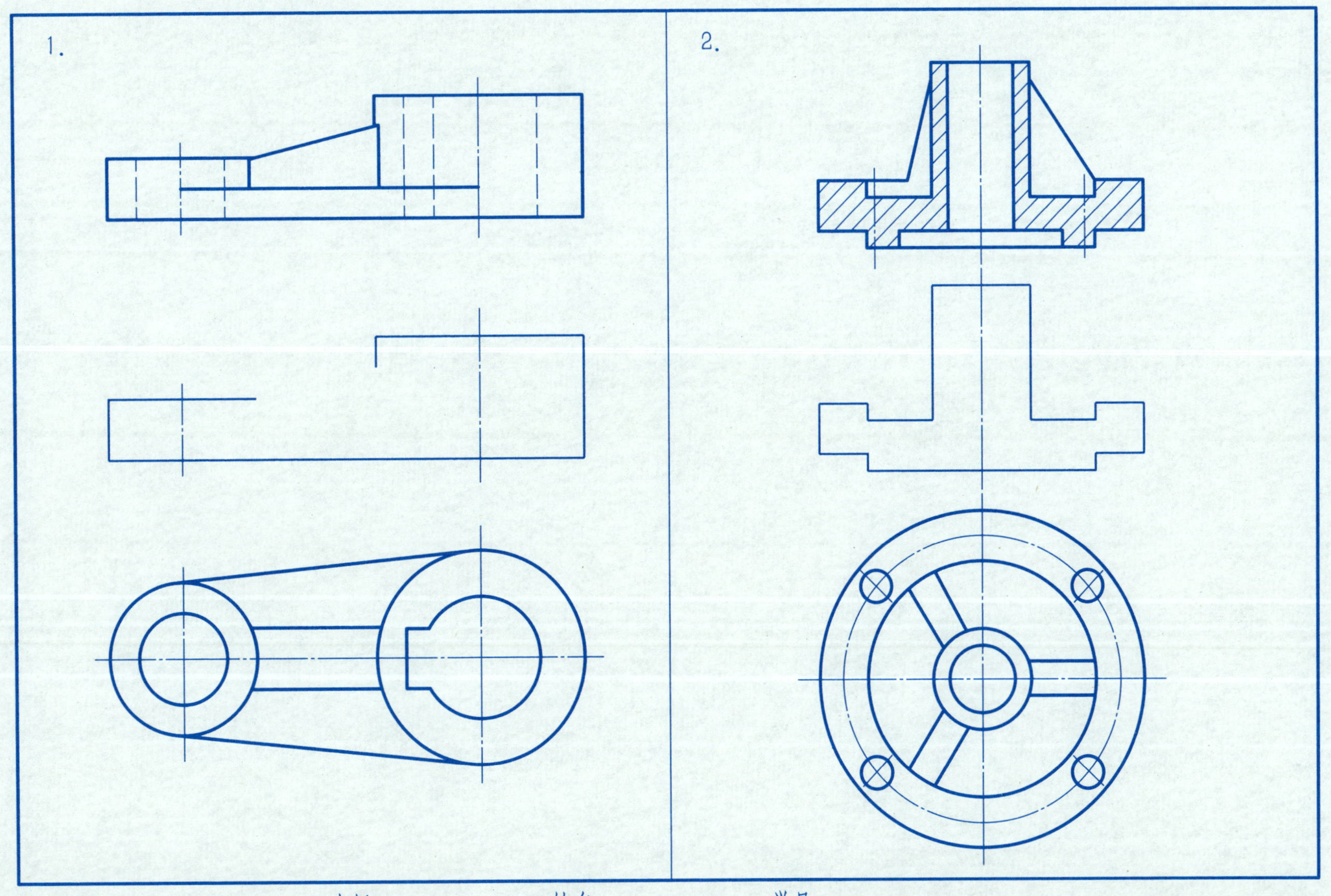

班级　　姓名　　学号

2-1-14 断面图

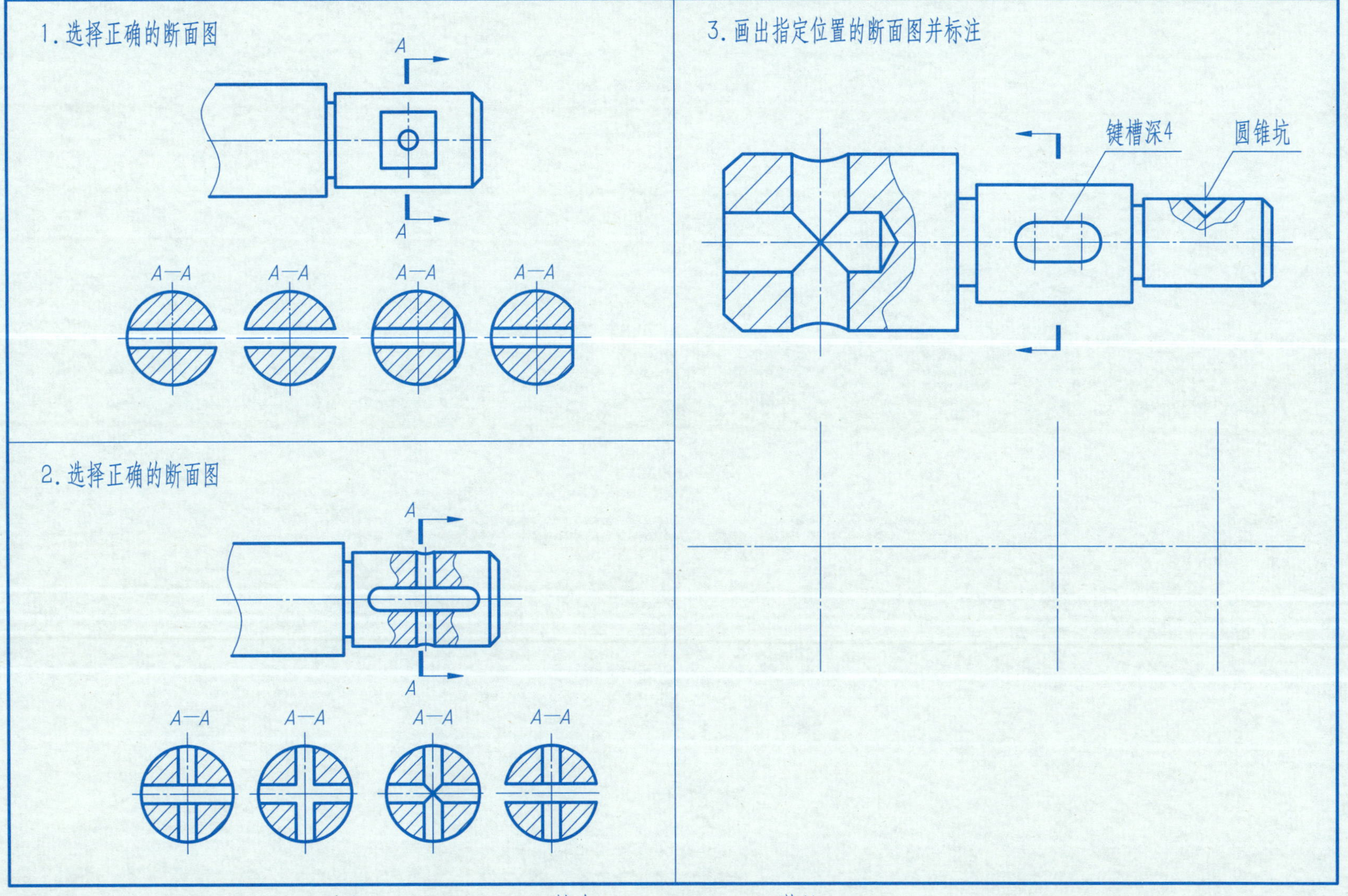

班级 姓名 学号

2-1-15 在指定位置画出断面图，并标注

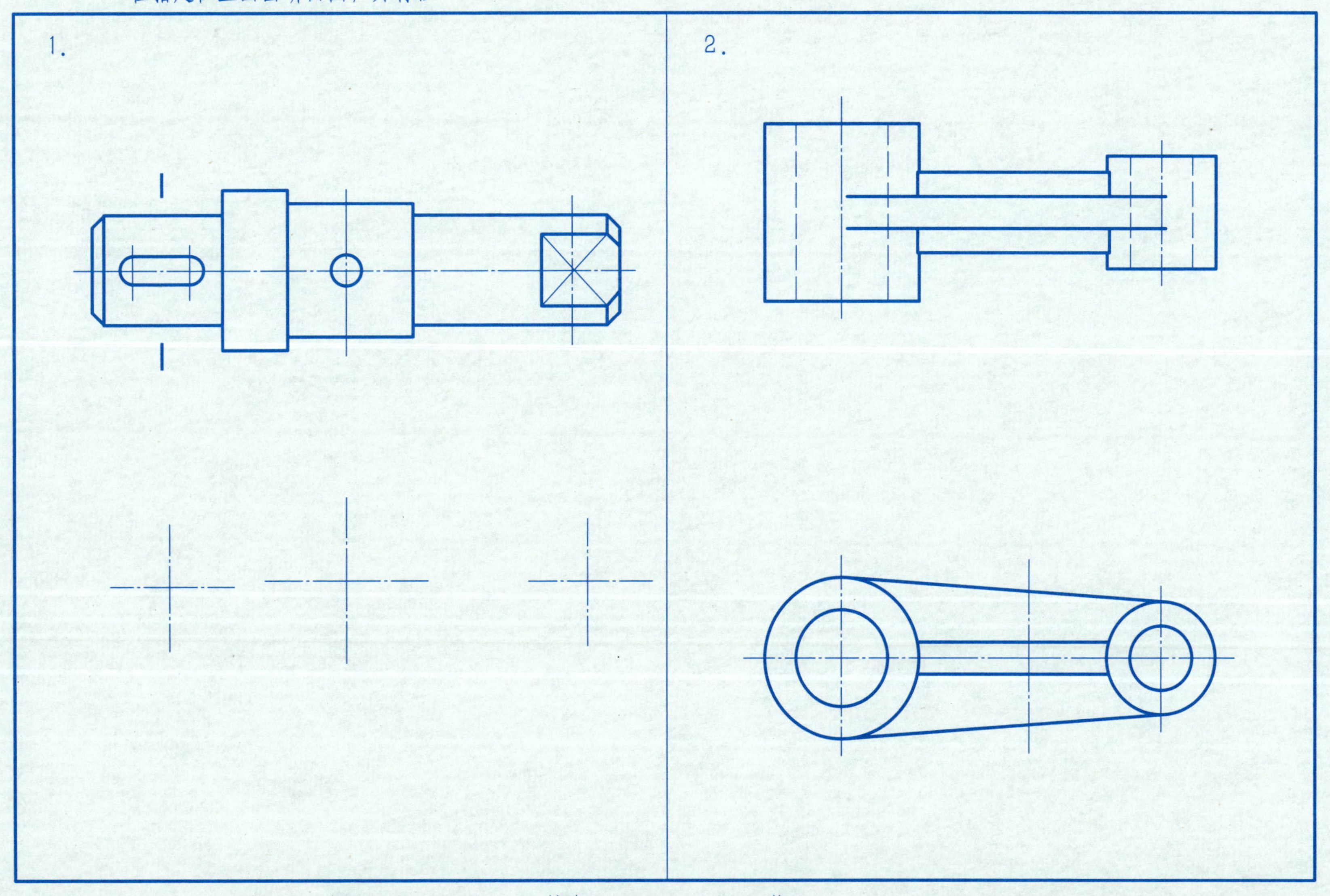

班级 姓名 学号

2-1-16 指出下列螺纹中的错误，并画出正确的图形

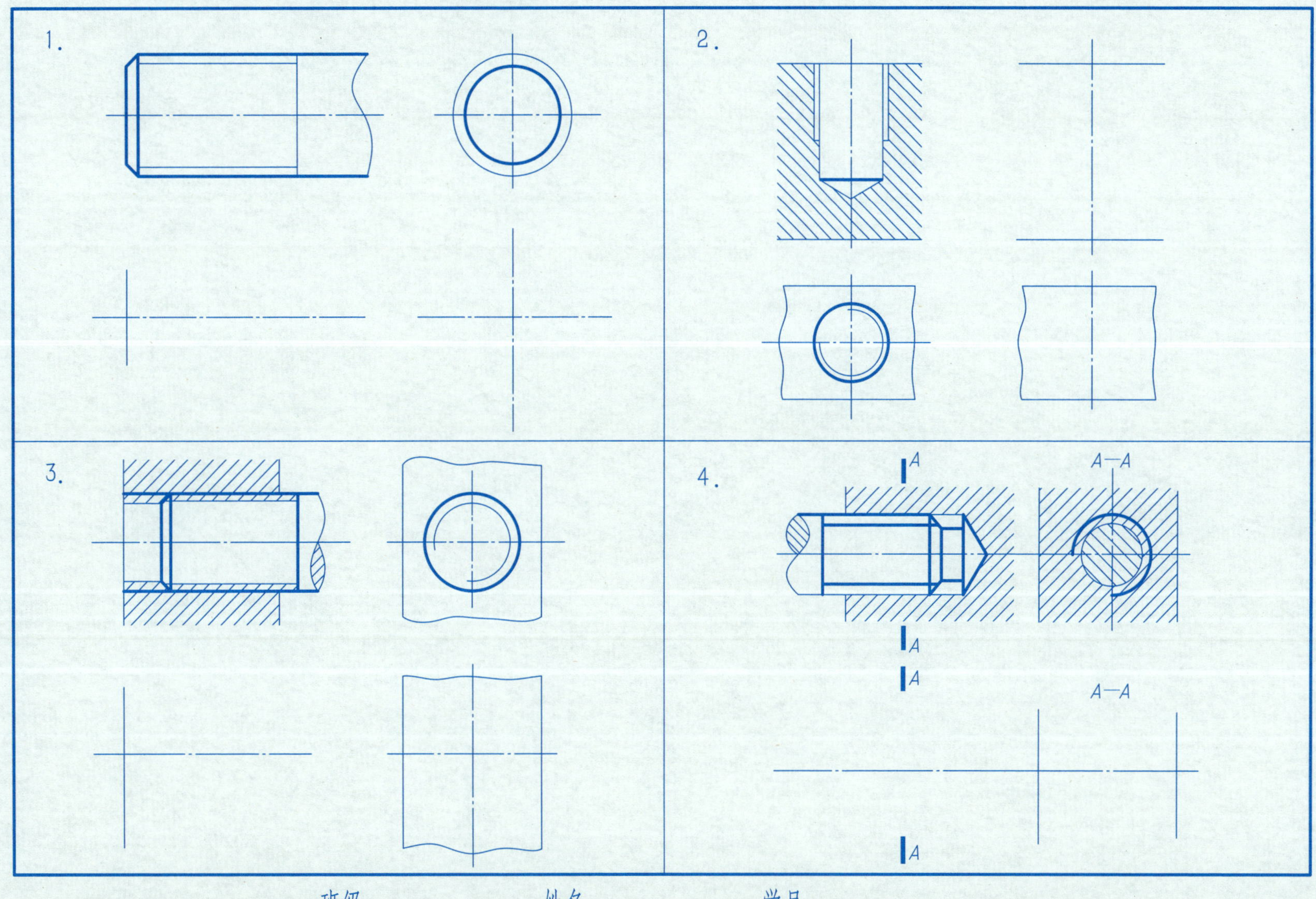

班级 姓名 学号

2-1-17 螺纹

1.M14内螺纹，钻孔深26 mm，螺纹深20 mm，孔口倒角C2，画出内螺纹图形。

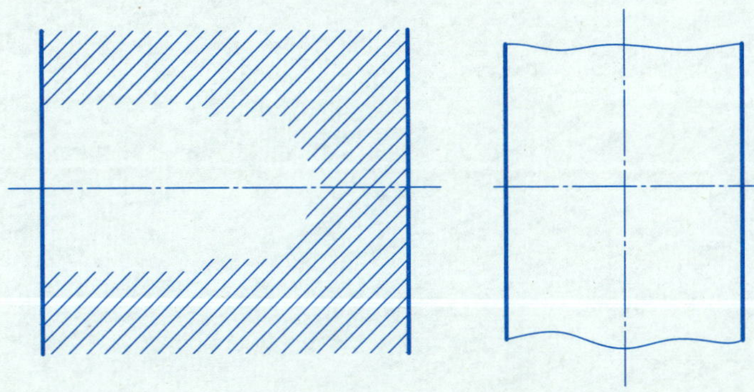

2.M20外螺纹，螺纹长度为30 mm，倒角为C2，画出外螺纹的图形。

3.大径为6 mm，螺距为1 mm，右旋，中径和顶径公差带代号为6g、7g、中等旋合长度的粗牙普通螺纹，标注出螺纹代号。

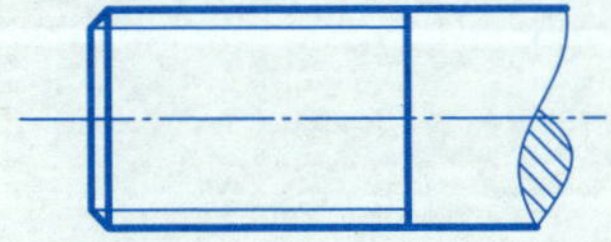

4.非螺纹密封的管螺纹，尺寸代号为$1\frac{3}{4}$，公差等级为B级，左旋。

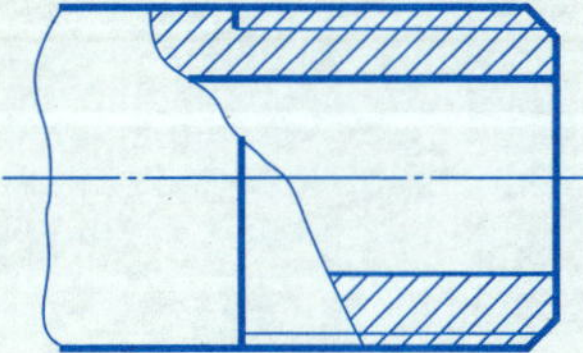

班级　　　　姓名　　　　学号

2-1-18 机械零件构型设计

设 计 零 件：从工作能力和经济性这两个方面来满足机器商品化的要求。

工 作 能 力：足够的强度、刚度、一定的耐磨性、耐蚀性及振动稳定性。

经 济 性：低成本、高效率，便于使用维修，良好的工艺性、原材料的选择，符合标准化要求。

零件设计过程：构型过程、计算过程（计算过程可省略），设计一个安放在侧面墙上的滑轮（图1）。

1.功能分析

滑轮固定在滑轮架上，滑轮在拉绳的作用下在滑轮轴上自由旋转，不能有轴向移动。

2.构型分析

根据作用，滑轮架（图2）为支承轴，有两个套筒，中间距离大于滑轮轮毂的长度，内孔直径与滑轮轴直径相同。

安装在侧面墙上，设计板，用四个双头螺柱固定，板与套筒的距离要大于滑轮的半径，用板连接墙板与套筒，板厚小于套筒宽度。

3.结构完善

进行造型修饰，墙板改为圆角，为增加刚度，在连接板两侧增加加强筋板，滑轮架构型结果如图3所示。

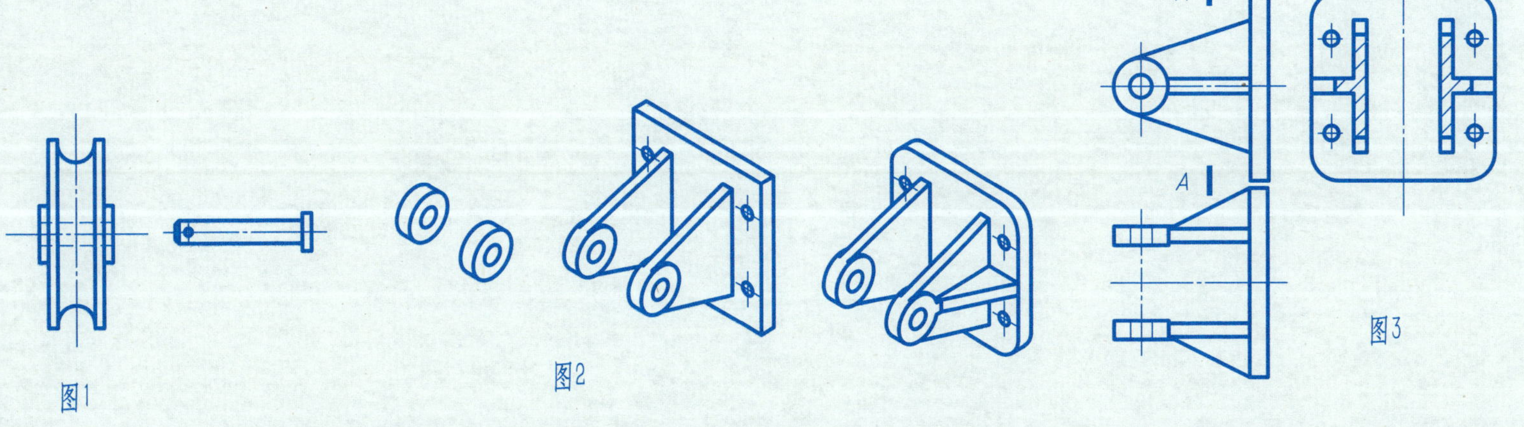

图1 图2 图3

班级 姓名 学号

拓展篇 2-1-19 画出规定的剖视图

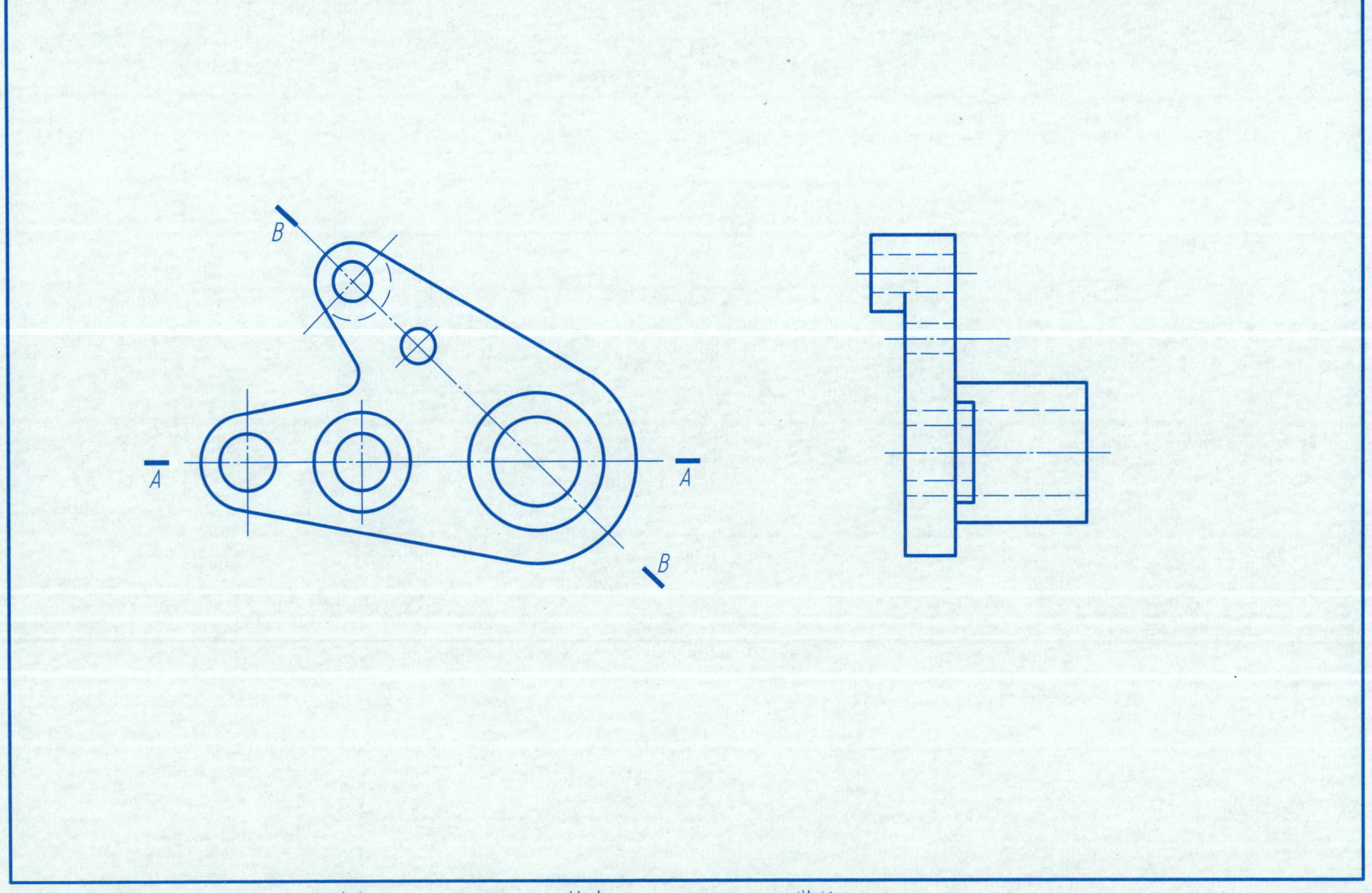

班级　　　　姓名　　　　学号

2-1-20 选择合适的表达方法表达零件

一、作图目的

1. 掌握各种视图的表达方法。
2. 掌握全剖、半剖、局部剖视方法的应用。
3. 训练尺寸协调的能力。

二、作图内容与要求

1. 图纸大小自定，比例自定，根据图形大小自行确定。
2. 作图正确，线型粗细分明，图面整洁。

三、注意事项

1. 图中尺寸可以测量，也可自行确定，注意协调性。
2. 学习了剖视图之后，图中虚线可以省略，为了解图中孔的深度，所有类型的孔都要剖到。

2.

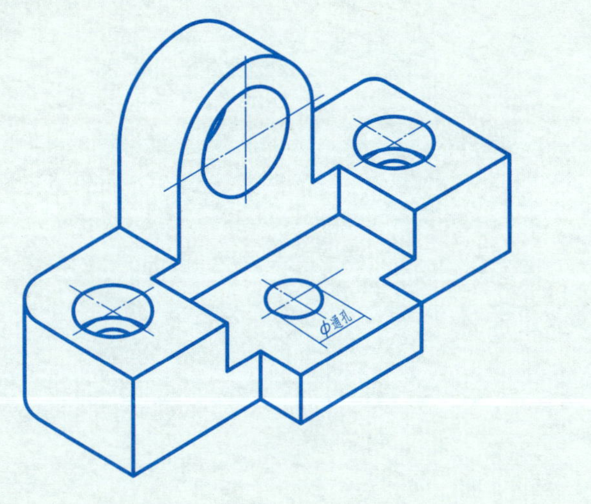

1.

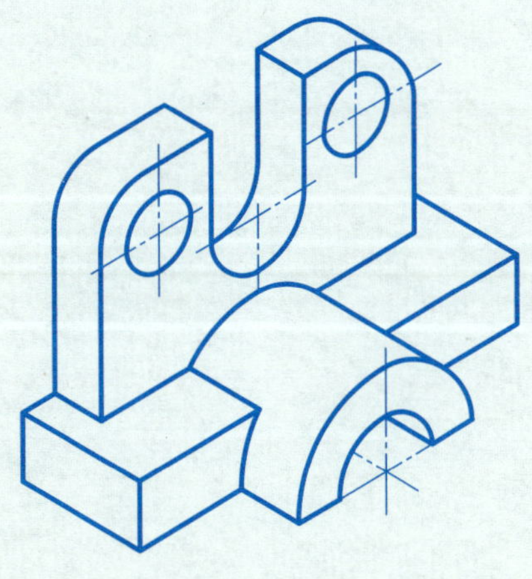

3.

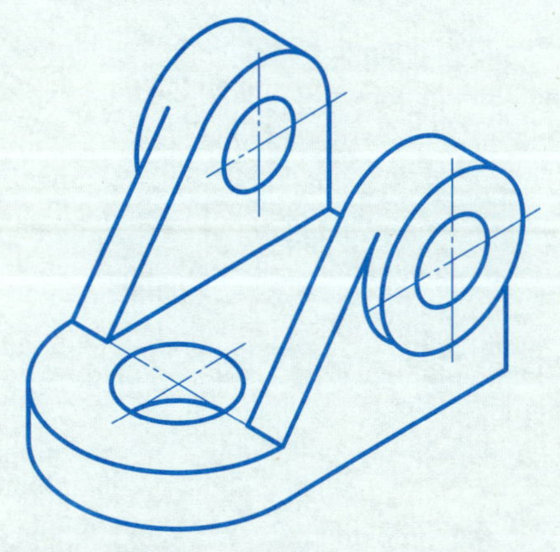

班级　　　　姓名　　　　学号

2-1-21 选择合适的表达方法表达零件(续)

4.

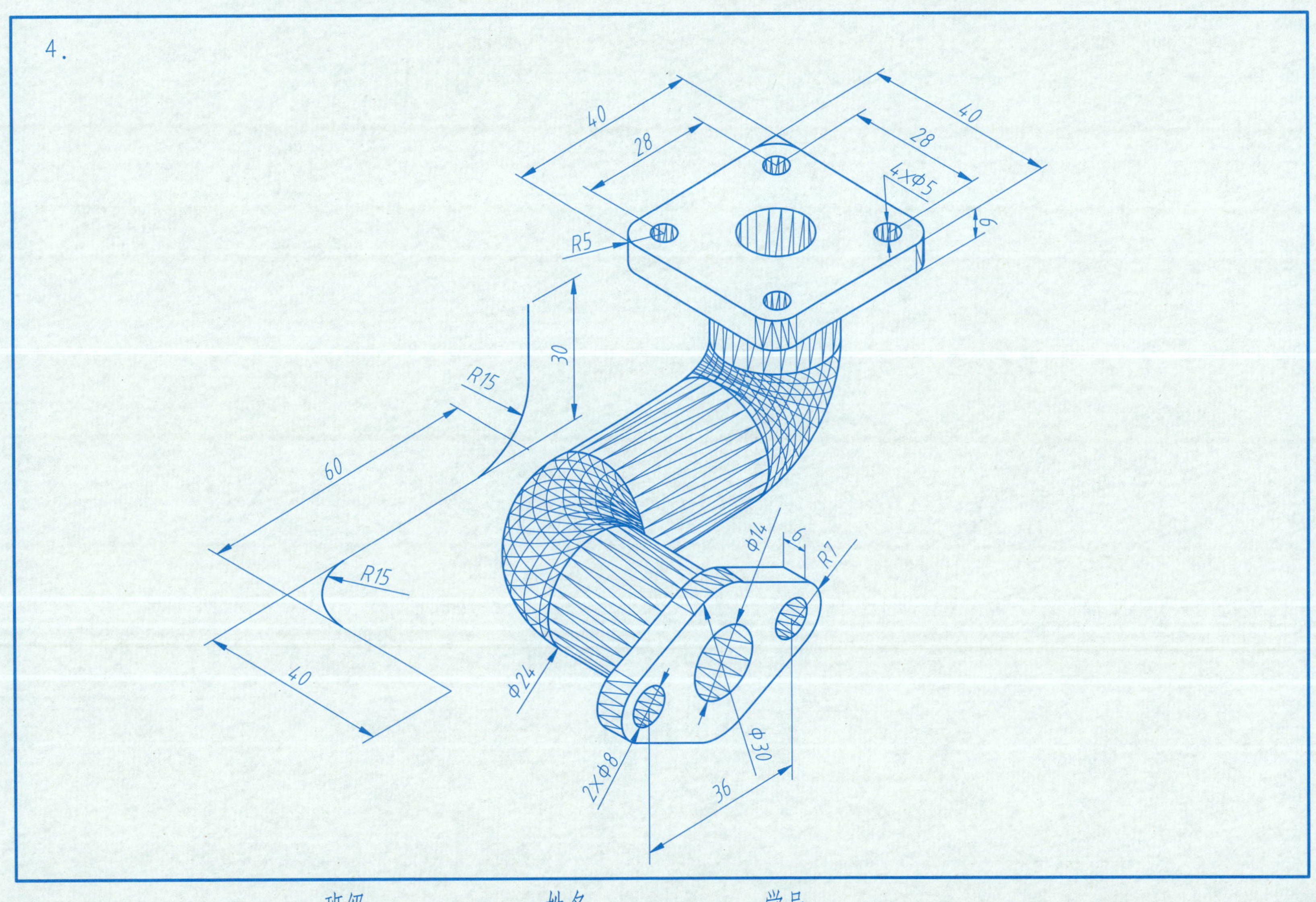

班级 姓名 学号

2-1-22 标注轴的尺寸(数值由图上直接量取整数)。

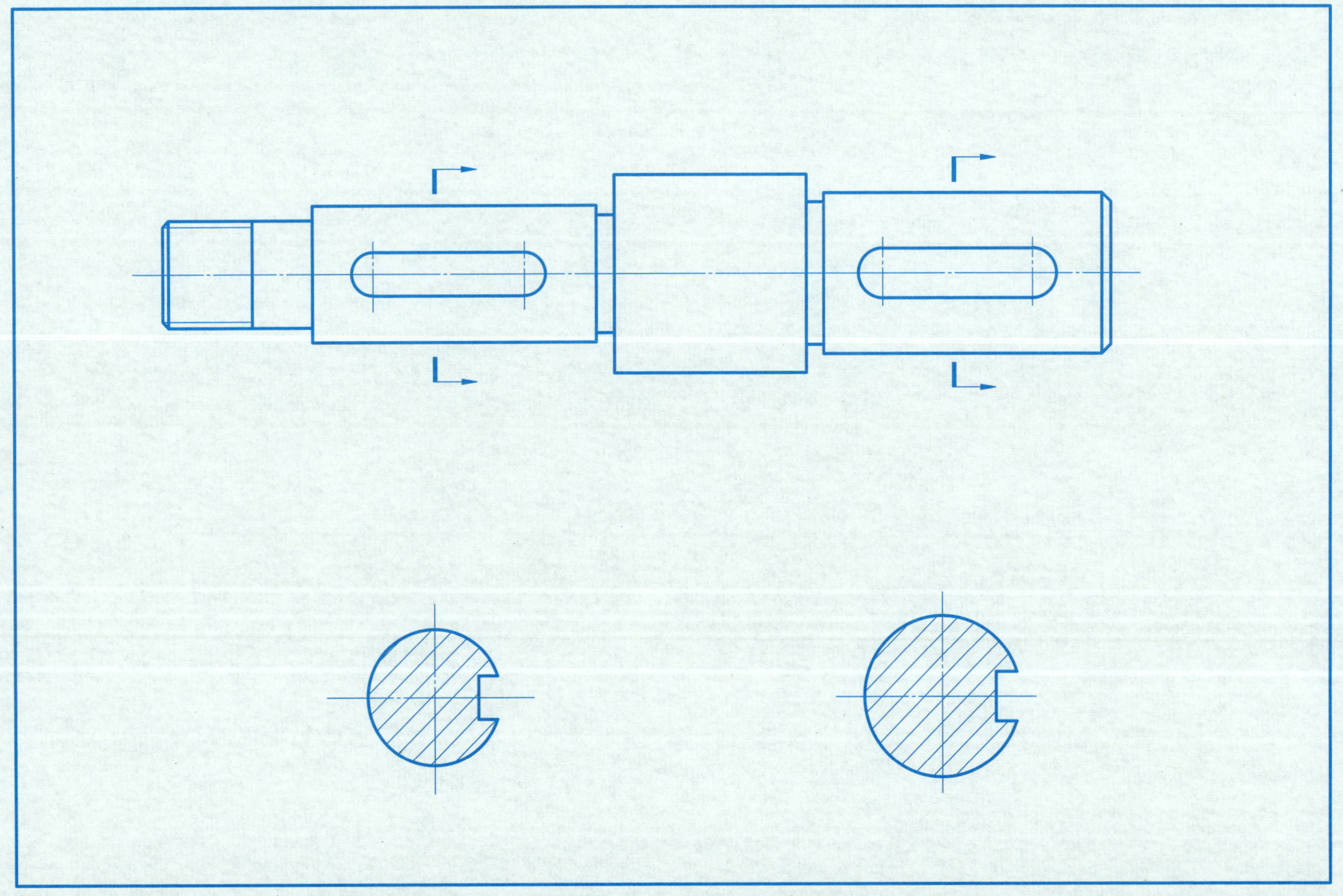

班级 姓名 学号

2-1-23 轴类零件的测绘(一)

轴类零件的测绘

一、作图目的

1. 熟悉和掌握轴类零件测绘的方法和步骤。
2. 训练徒手绘图的能力。
3. 训练轴类零件视图选择、尺寸标注和技术要求注写的能力。

二、作图内容和要求

1. 测绘实际轴类零件或右图立体轴零件图，完成其零件草图。
2. 测绘对象可以为单个轴类零件，也可以是后续装配体中的轴类零件，为绘制装配图打下基础。
3. 所绘零件图内容完整，符合国标。

三、注意事项

1. 轴类零件测绘时应认真，不能马虎。
2. 测绘步骤应清晰，选择视图、标注尺寸、技术要求按步骤进行。
3. 选择视图表达方案要充分讨论、论证、从中优选。
4. 标注尺寸时，应先选定尺寸基准，再标注定形、定位尺寸，要注意相关零件关联处的尺寸协调；先集中画出所有的尺寸界线、尺寸线，再逐一测量，填写尺寸数字。
5. 轴类零件上标准结构要素，应查表予以标准化。
6. 草图完成后要认真检查，及时纠正错、漏之处。

班级　　姓名　　学号

2-1-24 轴类零件的测绘(二)

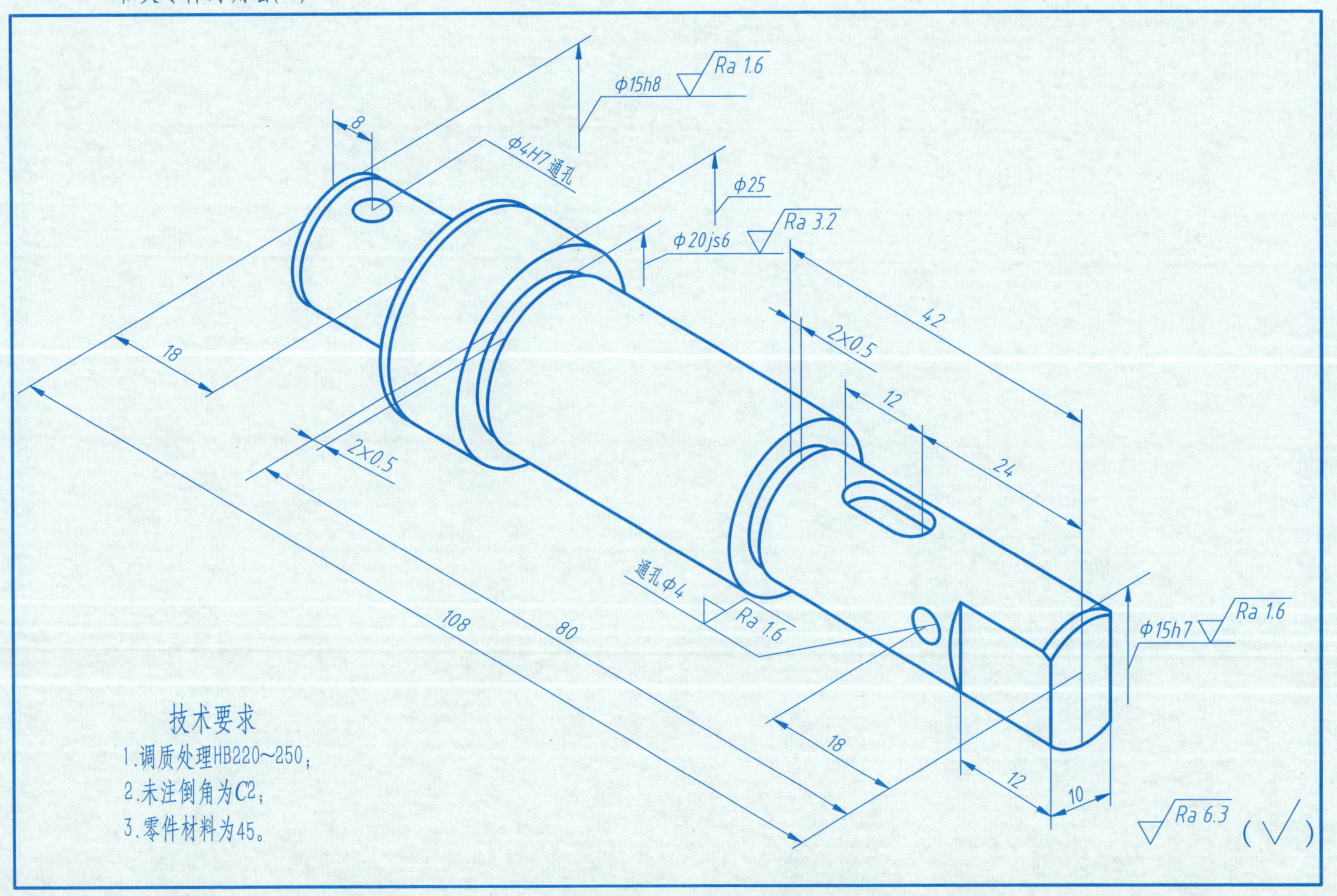

技术要求

1.调质处理HB220~250；

2.未注倒角为C2；

3.零件材料为45。

班级 姓名 学号

基础篇　2-2-1　视镜零件图以1:1的比例作图，可由零件图画装配图，或剪下贴装配图

班级　　姓名　　学号

2-2-2 根据装配示意图查表拼画化工设备图

作 业 指 导

一、 作图目的

1. 掌握化工设备零部件的查表方法。
2. 掌握标准件的规定标记的书写方法。
3. 熟悉化工设备图包含的内容及表达方法。
4. 掌握化工设备图的作图步骤。

二、 作图内容和要求

1. 读懂装配示意图，了解所用化工设备标准件的类型，在2-2-4、2-2-5中绘出标准零部件的图形，并标注尺寸，为装配图的绘制做好准备。
2. 由装配示意图，绘出储罐设备图。
3. A2图纸，横放，绘图比例自定。

三、 注意事项

1. 画图前看懂设备示意图及有关零部件图，了解设备的工作情况及各零部件的装配连接关系。
2. 综合运用化工设备图的表达方法确定表达方案。
3. 要合理布置视图及标题栏、明细栏、管口表、技术特性表、技术要求。
4. 参考书中的焊缝图形，正确绘出焊缝图形。

技术特性表

设计压力	常压
工作压力	常压
设计温度/℃	100
操作温度/℃	40
物料名称	
腐蚀裕度/mm	1.5
焊缝系数	0.85
容器类别	I

管 口 表

符号	公称尺寸	连接尺寸标准	连接面形式	用途或名称
a	450	HG/T 21515—2014		人孔
b	200	HG/T 20593—2014	RF	进料口
c	20	HG/T 20593—2014	RF	排气口
d	200	HG/T 20593—2014	RF	出料口
e	20	HG/T 20593—2014	RF	排污口

班级　　　　姓名　　　　学号

2-2-3 化工设备示意图

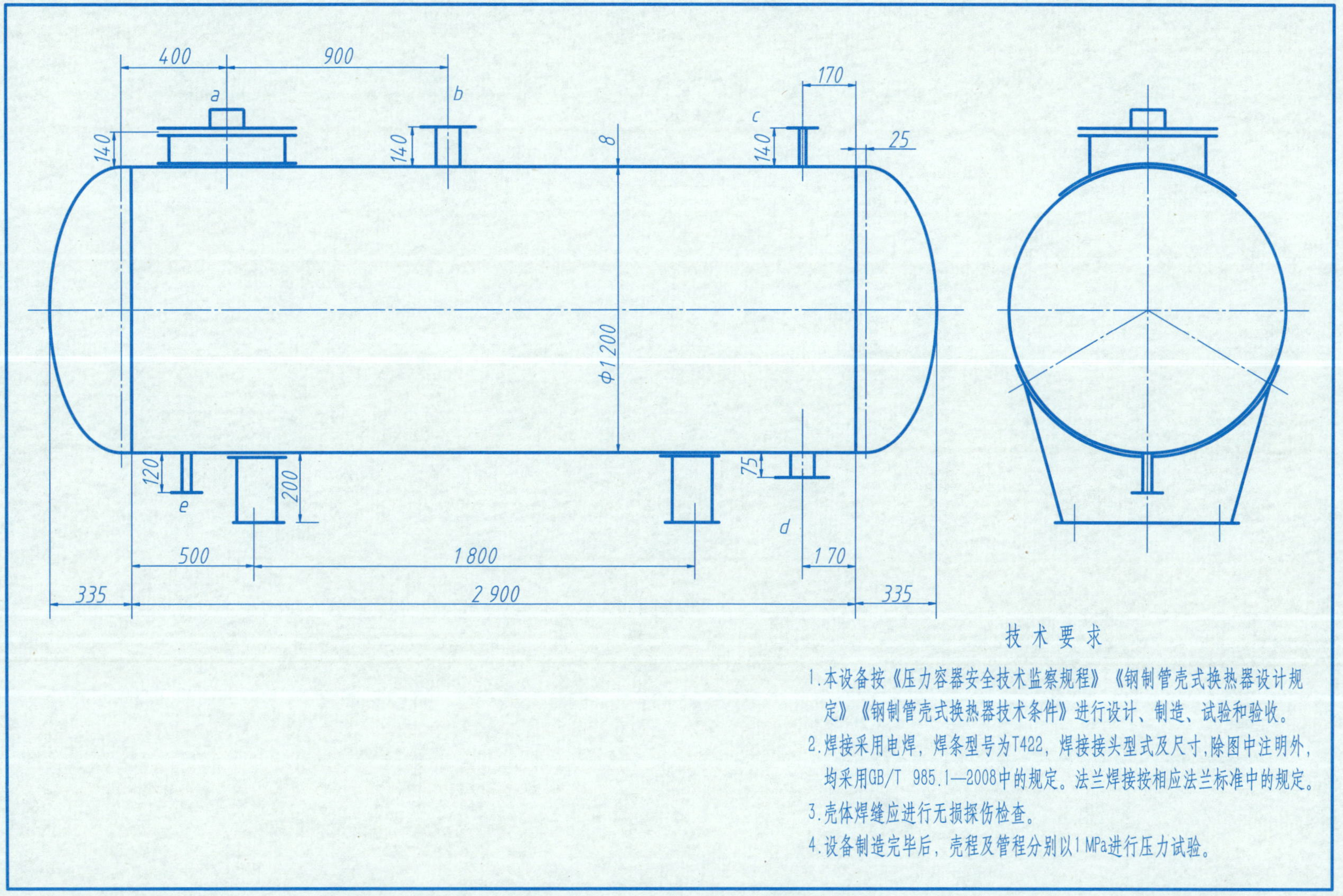

班级　　　　姓名　　　　学号

2-2-4 查表确定2-2-3中的零件尺寸，作出图形并标注尺寸(一)

1.封头	2.教师指定法兰

班级 姓名 学号

2-2-5　查表确定2-2-3中的零件尺寸，作出图形并标注尺寸(二)

3.人孔	4.鞍座

班级　　　　姓名　　　　学号

拓展篇 2-2-6 由零件图画装配图(一)

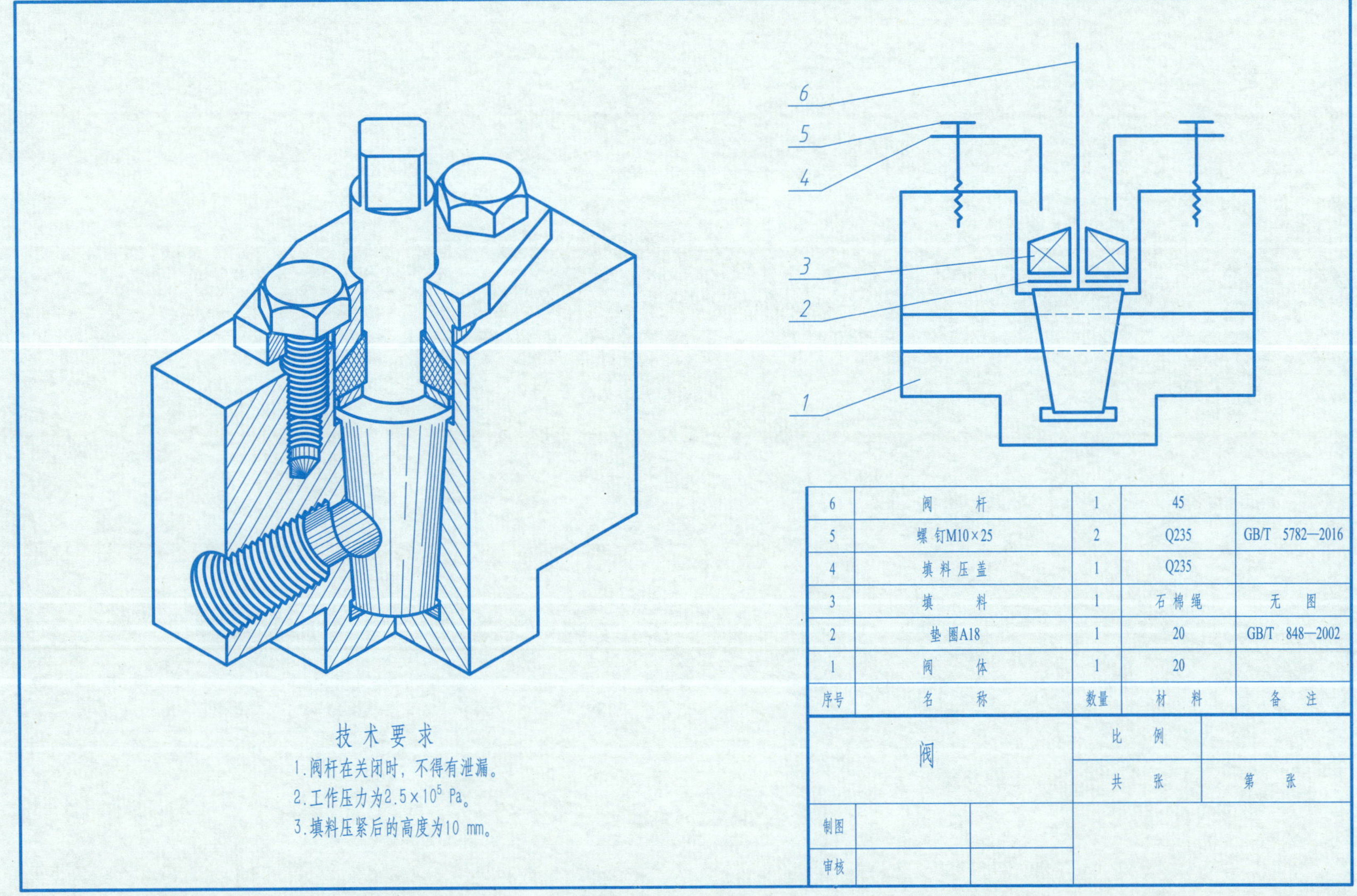

序号	名称	数量	材料	备注
6	阀 杆	1	45	
5	螺 钉M10×25	2	Q235	GB/T 5782—2016
4	填料压盖	1	Q235	
3	填 料	1	石棉绳	无 图
2	垫圈A18	1	20	GB/T 848—2002
1	阀 体	1	20	

阀	比 例	
	共 张	第 张
制图		
审核		

技 术 要 求

1.阀杆在关闭时，不得有泄漏。

2.工作压力为2.5×10^{5} Pa。

3.填料压紧后的高度为10 mm。

班级　　　　姓名　　　　学号

2-2-7 由零件图画装配图(二)

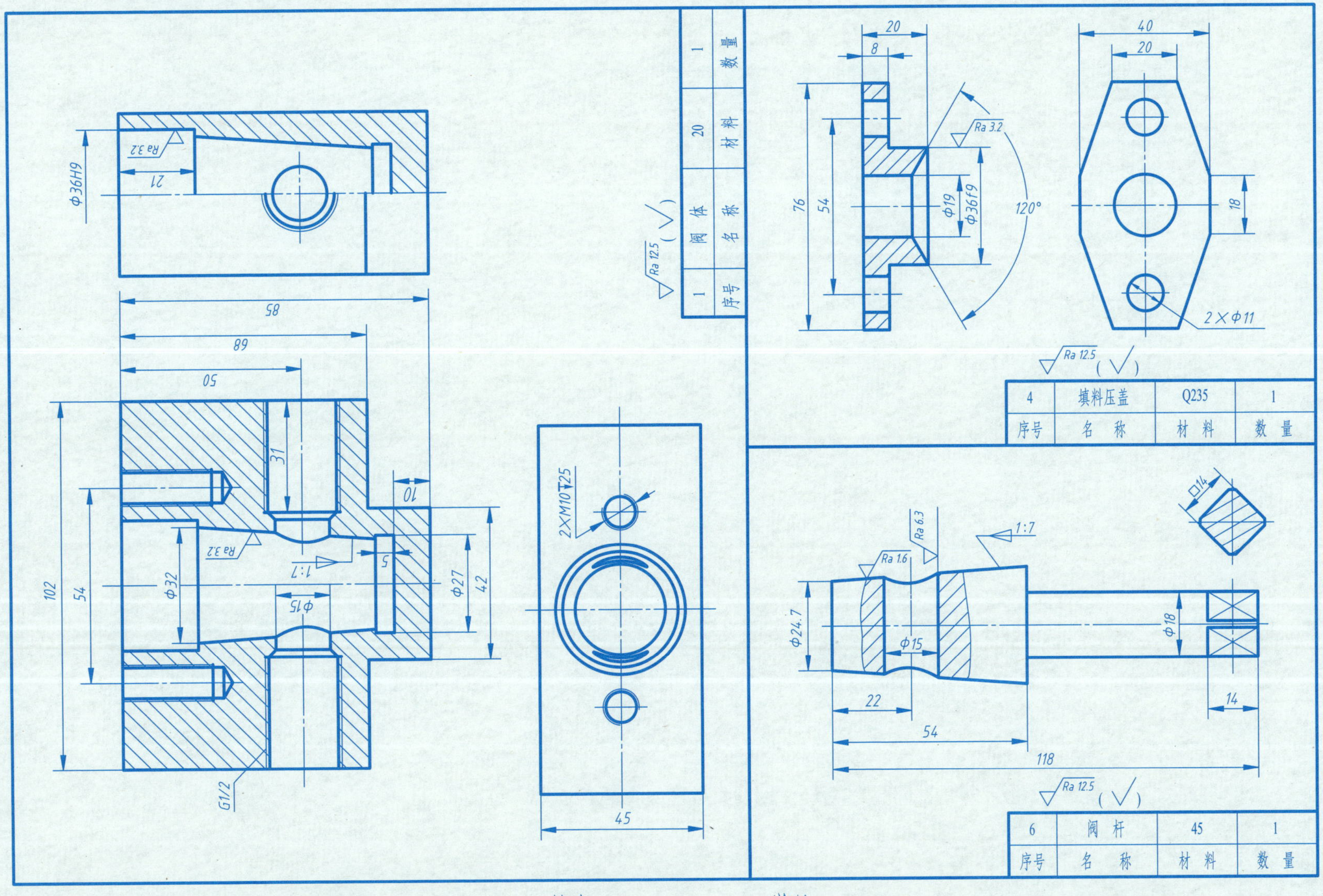

班级　　姓名　　学号

任务三　化工设备图的识读

基础篇 2-3-1　读冷凝器装配图(见插页1)，回答问题

1. 读图回答下列问题

(1) 该设备名称为____________，共有零部件_____种，属于标准化零部件有____种，接管口有_____个。

(2) 装配图采用了______个基本视图。一个是________视图，另一个是________视图，主视图采用的是____________________的表达方法，左视图采用的是____________的表达方法。

(3) 鞍式支座有_________型和_________型鞍式支座，其结构的__________不同，为什么？

(4) 图样中采用了_________个局部放大图，主要表达了____________和___________，以及_____________。

(5) 该冷凝器共有_______根管子。管内走_____________，管外（壳程）走_____________。试在图中用铅笔画出流体的走向。

(6) 冷凝器的内径为___________，外径为_____________；该设备总长为_______________，总高为______________。

(7) 换热管的长度为______________，壁厚为________________。

(8) 试解释“法兰PL20-1.0”（件23）的含义。

2. 试画出鞍式支座的局部放大图 $A-A$。

班级　　　　　　姓名　　　　　　学号

拓展篇 2-3-2 读电热釜装配图(见插页2)，回答问题

读图回答下列问题

1. 该设备的名称为__________，共有零部件__________种，属于标准化零部件的有__________种，接管口有__________个。

2. 装配图采用了__________个基本视图，__________个辅助视图，__________表达了__________，__________表达了__________，__________表达了__________，__________表达了__________，__________表达了__________。

3. 上封头与筒体通过__________连接，下封头与筒体__________，外层焊有__________。

4. 盘管内的物料是__________，从__________管伸入设备__________与盘管法兰相连，与__________管相连距离下封头__________从盘管中排出，盘管通过__________固定在设备中，有__________处。

5. 设备上封头有__________个接管，名称是__________。

6. 设备的支座有__________个，规定标记是__________。

7. 电加热器有__________个，画出电加热器组合件的装配图。

班级　　　　姓名　　　　学号

项目三　设备布置图的测绘

基础篇　3-1　读氯乙烯工段设备布置图(3-2)并回答问题

1. 概括了解

由标题栏可知，该图为氯乙烯压缩回收工段设备布置图。图中有_____个平面图（分别是__________、__________、__________），一个__________图。

2. 了解建筑物的结构和尺寸

该图画出厂房的定位轴线__________和__________，其横向轴线间距为_______mm，纵向轴线间距为________mm。该厂房为_____层。一层厂房标高为______，二层标高为_________，三层标高为__________。

3. 看平面图和剖面图

按不同标高，用三个平面图表示设备在不同平面上的布置情况。

在EL+0.000平面上，安装有__________、__________、__________、__________、________ 及两台________。

在EL+4.000平面上，安装有__________。在EL+8.000平面上，安装有_________三台。

图中注出了各设备的________尺寸，来确定设备在厂房内的位置。在*B*-*B*剖面图上，可看出设备在________方向上的布置情况。在图中注出了设备的________高度。从平面图和剖面图中可以看出，各设备的轮廓用________表示，而其他部分用______表示。

4. 归纳总结

氯乙烯压缩回收工段有_______种______台设备，分布在三个不同高度的平面上。

图中右上角的________，指明了厂房的__________。

班级　　　　　　　　姓名　　　　　　　　学号

3-2 氯乙烯工段设备布置图

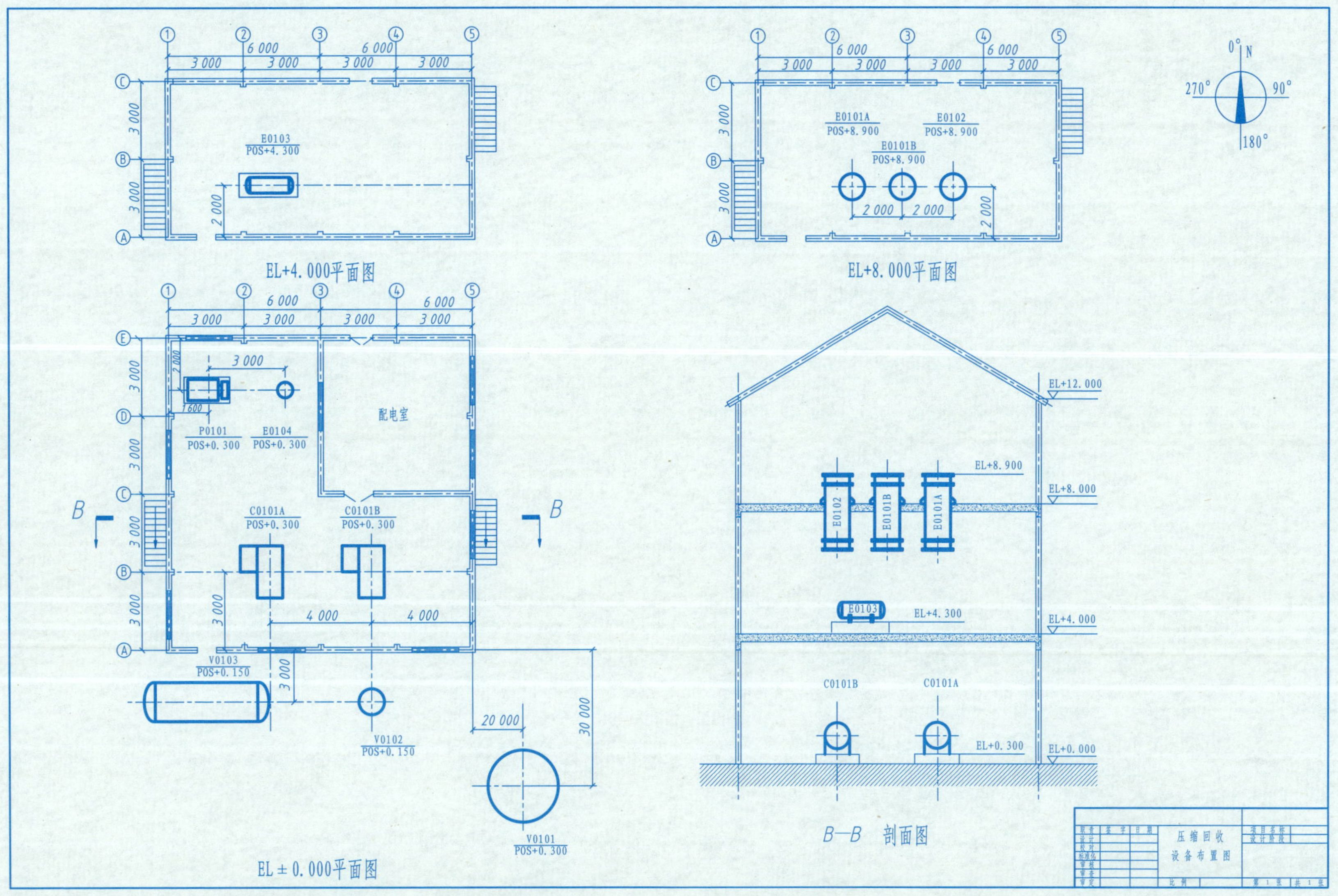

班级　　姓名　　学号

3-3 选择1-7-2、1-7-3、1-7-5中任一模拟图，绘制设备布置图

班级　　　　　　　　姓名　　　　　　　　学号

拓展篇 3-4 已知模拟图(3-5)，绘制设备布置图

作业指导书

一、作图目的

熟悉设备布置图的内容及表达方法，掌握设备的示意图、建筑物、管道、流程线、阀门及仪表控制点的画法和标注方法。

二、作图内容和要求

1. 由制冷模拟图绘制设备布置图。
2. 将A3图纸横放，比例、尺寸自己确定(或从图中量取整数)。

三、注意事项

1. 在设备布置图中设备用粗实线绘制，建筑物、设备及阀门用细实线绘制。
2. 汉字和数字用3.5号字书写。
3. 两设备之间的距离可由图中测量，允许改动。
4. 注意管道交叉时，要按规定画法绘制。
5. 阀门的大小应保持一致。
6. 流程介绍：溴化锂通过消耗热水的热量进行制冷。自来水通过软水箱软化至锅炉补水水箱，经锅炉补水泵加压进入天然气锅炉，加热后产生蒸汽，分为两路，一路直接进入溴化锂制冷机被溴化锂稀溶液吸收，剩余部分经板式换热器与另一路蒸汽换热后，通过冷冻水循环泵加压进入集水器再次进入溴化锂制冷机，循环使用。另一路冷却水通过溴化锂制冷机冷却，进入冷却塔，与热空气进行热交换，再回到溴化锂制冷机冷却，循环往复。

班级　　　　　　姓名　　　　　　学号

3-5 溴化锂制冷机的中央空调模拟图

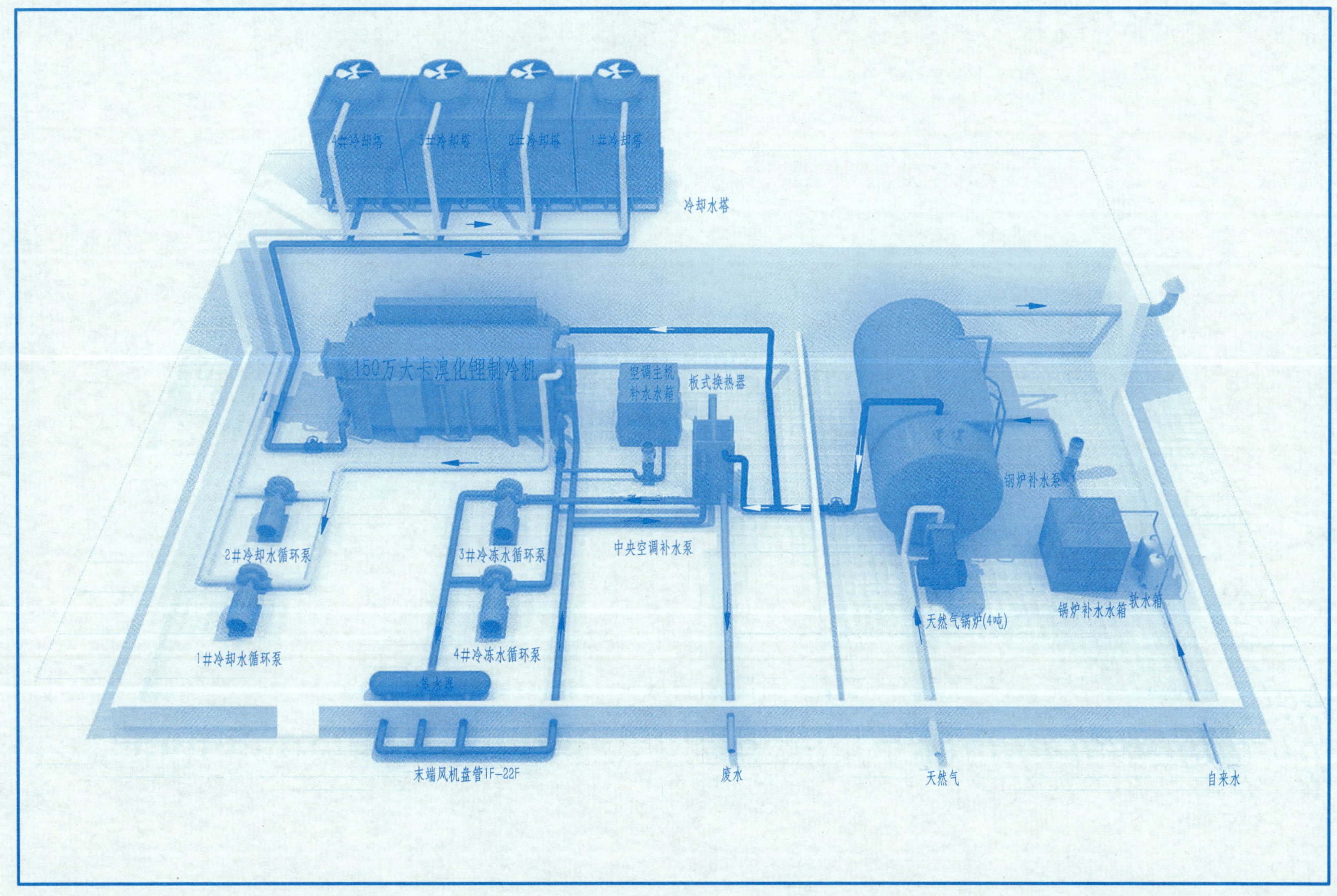

班级　　　　姓名　　　　学号

基础篇　4-1　已知管道的平面图和正立面图，画出左、右立面图

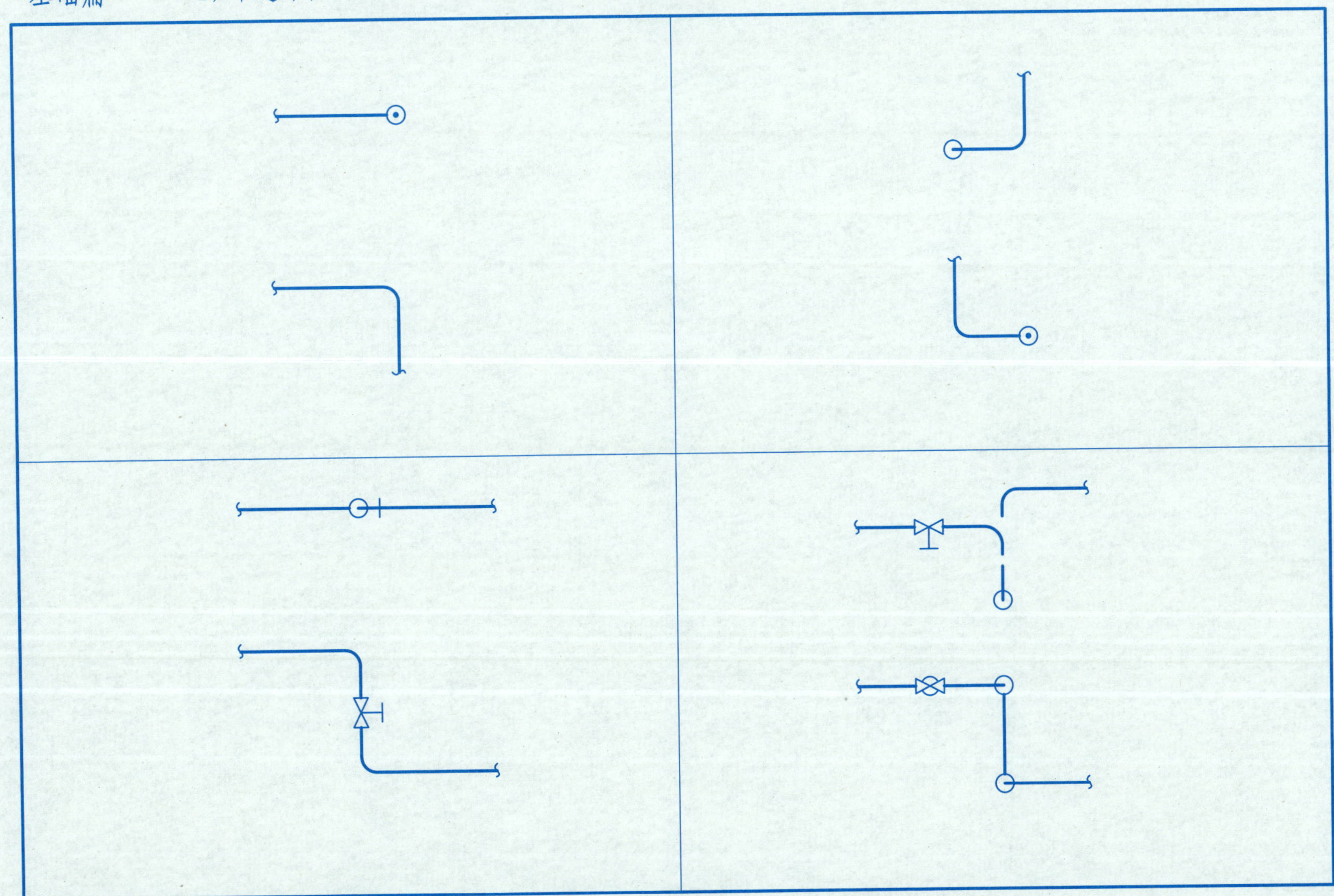

班级　　　　　　姓名　　　　　　学号

4-2 已知管道的轴测图，画出管道的平面图和正立面图

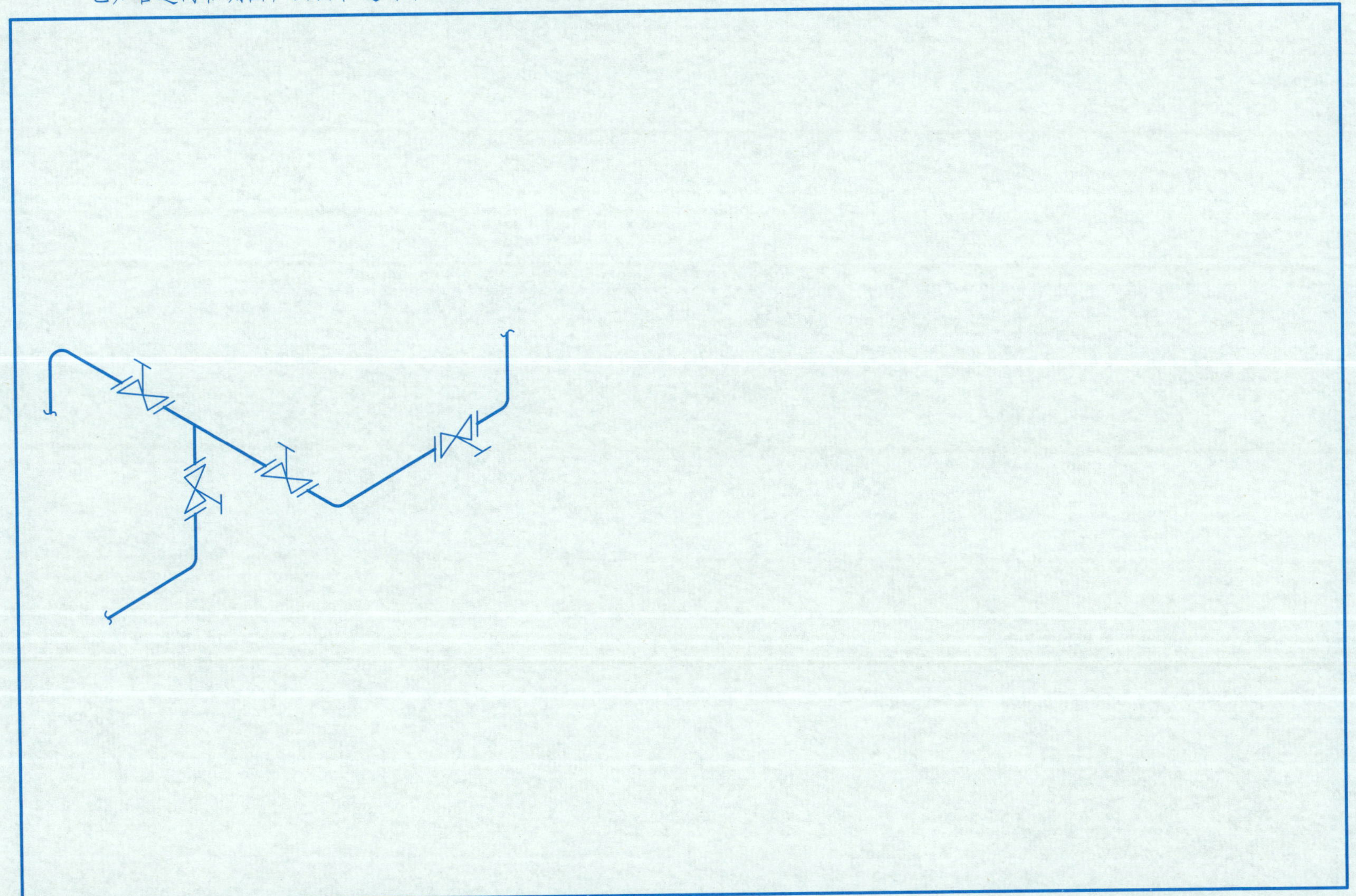

班级 姓名 学号

4-3 已知管道的平面图和正立面图，画出轴测图(一)

1.

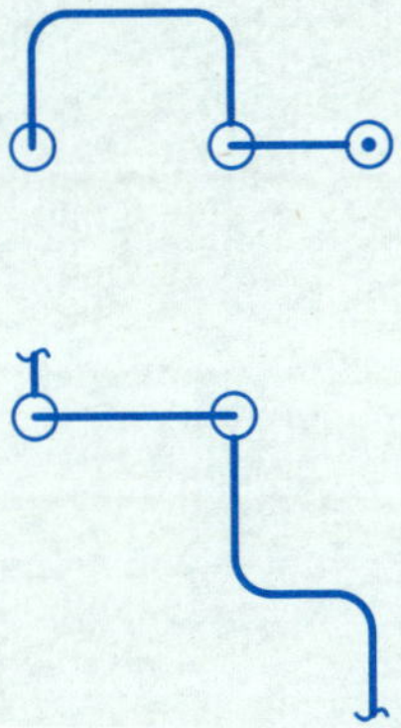

2.

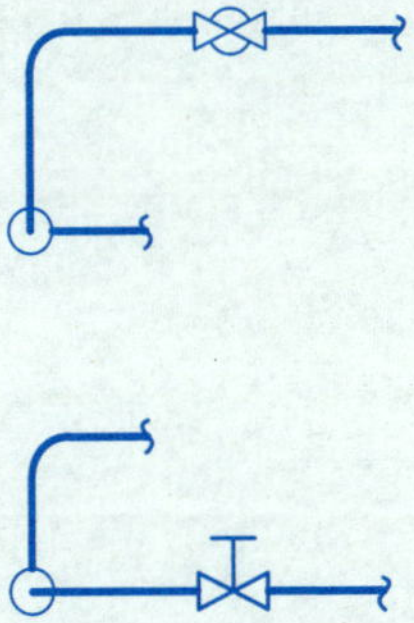

班级 姓名 学号

4-4 已知管道的平面图和正立面图，画出轴测图(二)

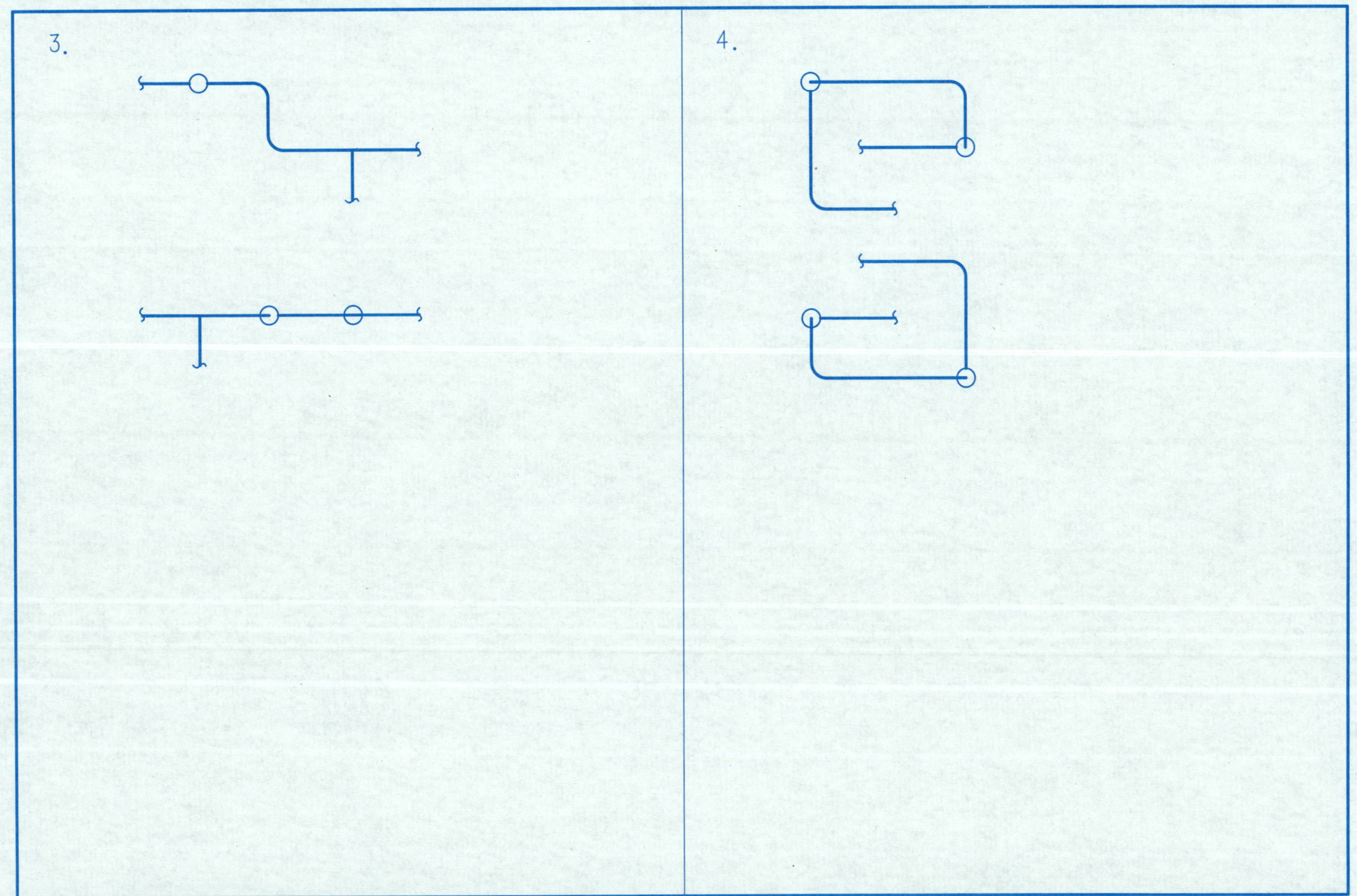

班级 姓名 学号

拓展篇 4-5 已知管道的模拟图，画出平面图与立面图

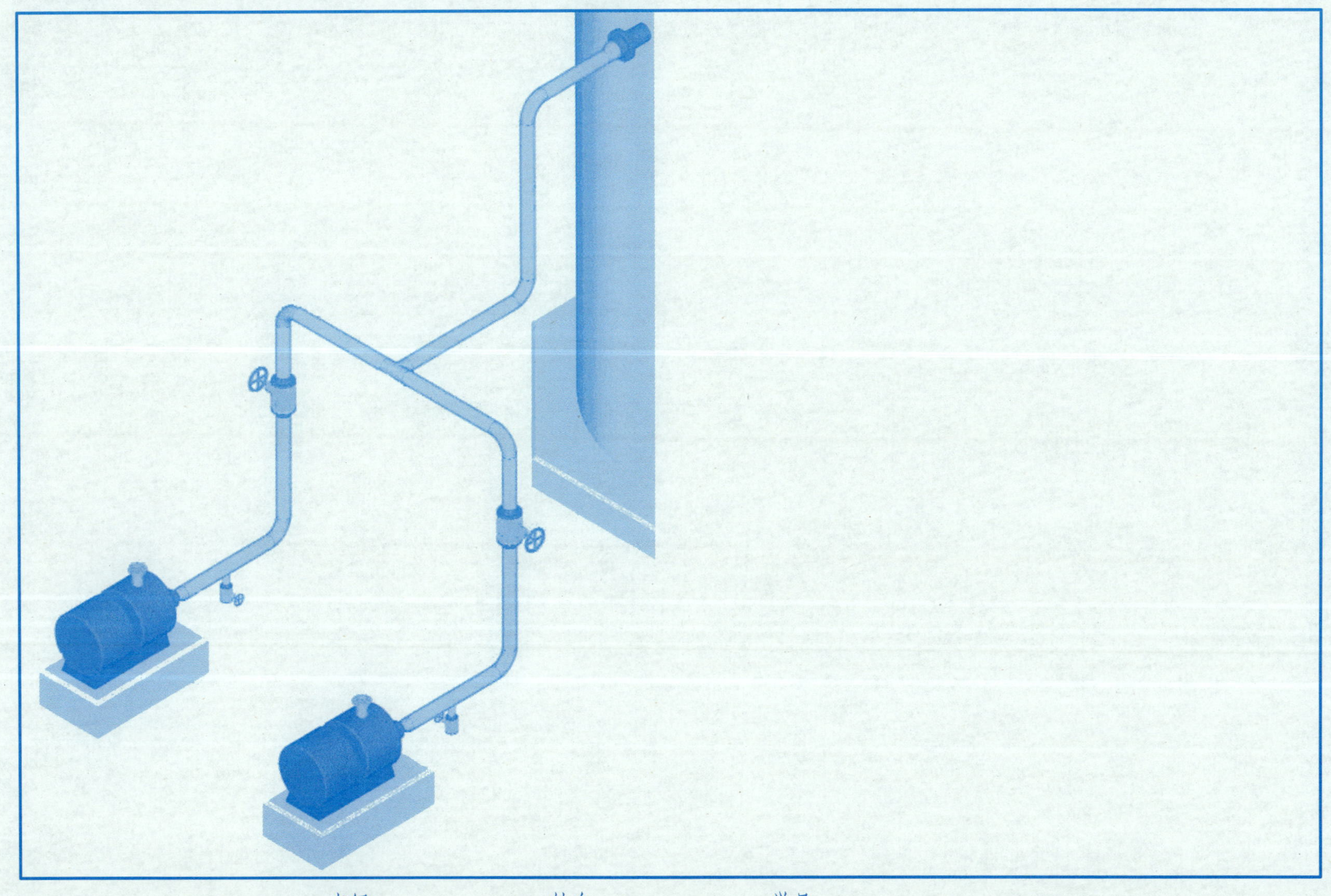

班级 姓名 学号

4-6 已知灯具的管道模拟图，画出轴测图

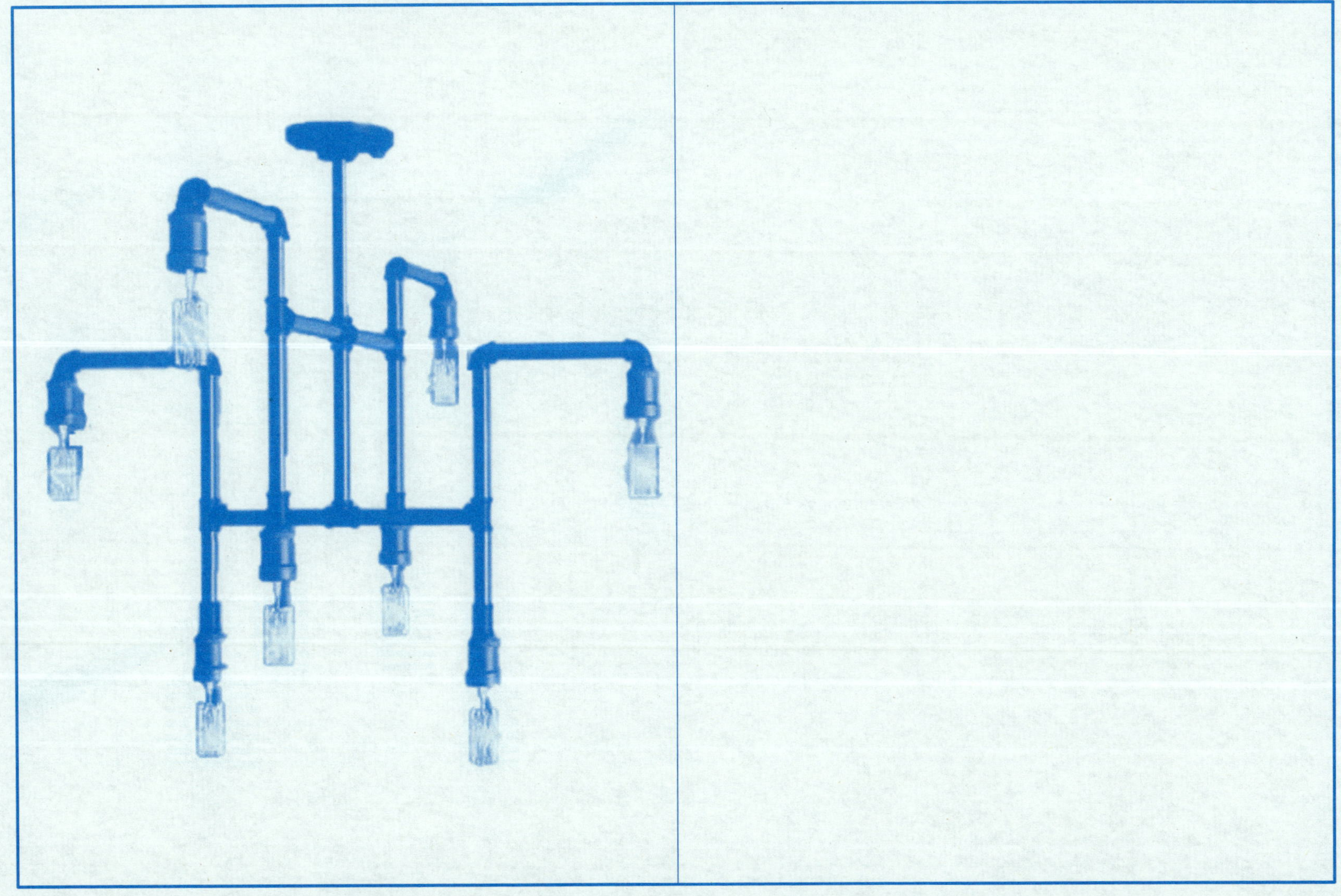

班级　　　　　　姓名　　　　　　学号

4-7 选择1-7-2、1-7-3、1-7-5、3-5中任一模拟图，绘制管路布置图

班级　　　　　　　　姓名　　　　　　　　学号